MESA 1

CINE, EDUCACIÓN, GAMIFICACIÓN

Alejandra Ramos V.

VAHA

CONTENTS

PRESENTACIÓN

El presente texto incluye una compilación de ponencias y artículos presentados en Congresos y Foros nacionales e internacionales. Se encuentran divididas en cuatro áreas: Cine, Educación, Gamificación y un cuarto apartado en donde presento artículos realizados en colaboración con maestros compañeros de esta apasionante actividad del mundo de los congresos y las publicaciones académicas.

Hasta donde me ha sido posible he procurado dar el crédito correspondiente a quien así lo merece, sin embargo, me disculpo en caso de haber omitido a algún participante.

Algunas ponencias están escritas con toda la formalidad del área académica. Por otra parte, he decidido incluir algunos escritos que probablemente no cumplan el requisito académico por lo que las he presentado a manera de reflexión, no por ello significa que sean menos importantes.

Soy Maestro en Docencia y desde el año de 2011 he impartido clases de Metodología de la Investigación, Taller de Lectura y Redacción, Comunicación Oral y Escrita, Ética y Actividades Culturales tales como: Escritura de Cuentos, Guitarra Popular y Música Aplicada a nivel de licenciatura. También imparto Planeación de la Enseñanza a nivel Maestría. Sin embargo, soy docente desde 1996 impartiendo cursos culturales. Soy músico y maestra, soy gamer, fanática del cine y las series de plataformas On Demand y televisión; de ahí la variedad de temas que presento en esta publicación.

Todas estas materias me han permitido de alguna manera la actividad de la escritura. Pero también debo decir que desde muy temprana edad la música y las series de televisión, así como los libros leídos desde mi adolescencia me dieron las bases para en esta época de mi vida atreverme a escribir mi propia opinión con respecto a estos temas que aquí presento.

En cuanto a los análisis y reflexiones sobre series y películas, las he abordado desde el campo de la Ética y la Narrativa, poniendo especial énfasis a los personajes, sus perfiles o la forma en que se presentan las historias. En el campo de la Educación, presento dos ponencias de propuestas de formación para docentes y alumnos que son innovadoras ya que hasta el momento en que se presentaron el estado del arte presentaba lagunas al respecto. Y en el campo de la Gamificación, cuyo concepto desarrollo en las ponencias de Alteridad, presento una parte del desarrollo del proyecto de investigación para el uso de videojuegos para la enseñanza de Ética y Valores, cuyo proyecto aún está en desarrollo. Dicho esto, espero que la lectura de este texto sea de tu agrado y en el caso de que sea de tu interés obtener un poco más de información al respecto te ofrezco mi e-mail por si deseas contactarme. Muchas gracias por leerme.

Mtro. Alejandra Jesús Ramos Villavicencio
Docente de la Fac. de Artes y del Instituto en Ciencias Veterinarias de la UABC, México.
alejandraramos@uabc.edu.mx

AGRADECIMIENTOS

En primer término, agradezco a la Facultad de Artes de la Universidad Autónoma de Baja California por el apoyo en mi actividad académica, así como a todos aquellos maestros que de una u otra forma me han estimulado a continuar expresando mi opinión y reflexión hacia el trabajo académico.

Especialmente deseo agradecer a la Maestra Rosa Herlinda Beltrán Pedrín por su incansable acompañamiento y colaboración hacia mi persona para compartir convocatorias e invitarme a colaborar con ella en distintas ponencias.

Agradezco enormemente a los Maestros Jesús Humberto Orozco y Luis Felipe López por estimularme siempre a la crítica y discusión de series y películas e introducirme en el fascinante mundo de la animación, siempre con sus explicaciones pacientes y enriquecedoras.

Gracias a la Dra. Cleotilde Lomelí Agruel y a la Dra. Fabiola Ramiro Marentes, de quienes recibí el invaluable consejo que decía: - ...escribe, escribe...escribe!

Y como la mayoría de los que escribimos para publicar hacemos, de corazón agradezco a amigos y familiares a quienes robamos tiempo para lograr esta actividad que la mayoría de las veces es exigente y consumidora pero altamente satisfactoria.

Mis padres q.e.p.d. Rosendo y Florencia. Mis hermanos Rosendo, Laura, Ana, Marielena, Cruz q.e.p.d. y Leonardo. Mis sobrinos Fernando; Alejandra y Diana; Mariana y Ana Rosa; Paulina y Leonardo. Primas, amigas y compañeras. Alumnos y Maestros, quienes a lo largo de mi vida me han apoyado y enseñado un sinfín de conocimientos y emociones.

Por último y no por eso menos importante, mi hijo David Uriel quien ha sido fuente de inspiración para la serie de cuentos "Alteridad" que también podrás encontrar en Kindle.

¡A todos ellos mil gracias!

MESA 1
CINE, EDUCACIÓN, GAMIFICACIÓN

CINE

PERCEPCIONES EN EL CAMPO DE LA MÚSICA FOLKLÓRICA DE LAS PRODUCCIONES FÍLMICAS DE LA ÉPOCA DE ORO DEL CINE MEXICANO.

II Encuentro Internacional de Investigadores de Cine Mexicano e Iberoamericano. XV SEPANCINE Y IV COCAAL. Organizado por Cineteca Nacional, Universidad Autónoma Metropolitana y la Asociación Mexicana de Teoría y Análisis Cinematográfico.

En Cineteca Nacional, Ciudad de México. 22 al 24 de junio de 2016.

Hablar de las representaciones artísticas mostradas en el cine de la llamada Época de Oro del Cine Mexicano desde el campo de las manifestaciones músico-culturales del folclor de nuestro país, resulta delicado ya que este trabajo no tiene la intención de realizar una crítica negativa sino muy por el contrario hacer resaltar la importancia que puede tener el manejo de información visual y auditiva desde el campo de la música folclórica, que aparentemente no tiene un impacto relevante en una producción cinematográfica y sin embargo tiene el poder de conformar toda una visión de lo que un país es y cae en terrenos por demás delicados, ya que refuerza o daña la identidad nacional de los mexicanos, para los cuales la actividad cultural musical es un pilar muy importante de su vida.

Como menciona Yolanda Moreno; los inicios del cine sonoro en México, a partir de los años treinta, se ve influenciado por otra actividad que se conoció como el Teatro de Revista con sus géneros musicales y el formato común de este. (Moreno Y., 2008). El éxito de este espectáculo en la sociedad de ese tiempo en México se llevó a la pantalla y la gente reconoció a las figuras artísticas que aclamaba en los teatros por lo que el cine llevaba un porcentaje de éxito asegurado.

En otro sentido, la necesidad del pueblo de sentirse orgulloso de sus tradiciones y costumbres, intento de varios productores de cine de esta época que buscaron promover esta acción (lo que se conoce como el periodo Nacionalista en las Artes), la intención de dar a conocer al mundo la legitima idiosincrasia del mexicano, patriótico, amando su tierra y sus costumbres, sus tradiciones, la familia y por qué no, su *machismo* manifestado en el trato rudo a su mujer y en sus actividades de hombre fuerte nacido en un *rancho* en donde se trabaja de sol a sol y en la mayoría de los casos bajo las órdenes de un patrón exigente que lo explota, que solo de vez en cuando le permite salir y anteponer a cualquier otra actividad el orgullo de pertenecer a la hacienda, es nota común en los temas manejados en este periodo de producciones fílmicas. Si esta fue la intención u objetivo del periodo Nacionalista en las Artes en México, luego entonces resulta incongruente lo que se muestra en algunas películas ya que como mencionó el maestro Guillermo Melquisedec González, investigador del Centro de investigación, Documentación e Información Musical Carlos Chávez, perteneciente al INBA "...un músico tradicional deja de serlo en la medida en que guarda para sí mismo, y solo para sí, el conocimiento que tiene; es decir, solamente cuando lo trasmite puede ser músico tradicional...". (González, G., 2009).

Este trabajo presenta una serie de reflexiones en cuanto a lo que se muestra en el contenido musical y la manera en que se interpretaron las piezas de la producción fílmica considerada como el inicio de la comedia musical en México, la cinta premiada internacionalmente por su fotografía y que logró popularizar al actor Tito Guízar en toda Latinoamérica, ***Allá en el Rancho Grande*** en sus dos versiones, de la que hablaremos posteriormente. Partiendo de la idea del Maestro González, solamente si se hubieran interpretado las piezas como realmente son, se hubiera cumplido con el objetivo nacionalista del arte fílmico en México.

Como el tema de este trabajo menciona el término *folclor o música folclórica,* me permito presentar una serie de definiciones del concepto mencionado con la intención de aclarar un poco la manera en que llevaré a cabo mi análisis y la forma en que trataré los géneros musicales que manejo, así como la contextualización de mi discurso.

Según el Diccionario de la Real Academia de la Lengua Española (RAE), cuando hablamos de *folclore* nos referimos al conjunto de costumbres, creencias, artesanías, canciones, y otras cosas semejantes de carácter tradicional y popular. Para el término tradición nos dice que es una doctrina, costumbre, etc. conservada en un pueblo por transmisión de padres a hijos. Y en cuanto a *tradicional*; estamos hablando de que se sigue las ideas, normas o costumbres del pasado. El concepto de *popular* lo define como algo que es peculiar del pueblo o procede de él.

Por lo anterior, podríamos definir la música folclórica o tradicional, ya que algunos autores y músicos manejan el término indistintamente, como aquel tipo de música que de manera natural fue compuesta y se ejecuta en un grupo de gente de una localidad o pueblo especifico y que ha persistido a través del tiempo, permitiendo así poder identificar a algunos grupos sociales en determinadas zonas del país por el tipo de música que interpretan. Nos atrevemos a ir un poco más allá y afirmar que en algunos casos, este sentido de identidad musical es o se hace parte del grupo social, es su orgullo y si hablamos de conceptos como *mexicanidad,* es una parte esencial de la vida de los mexicanos, pues forma parte de los acontecimientos más importantes de sus vidas. Desde festejos familiares como; bodas, bautizos, cumpleaños, funerales, hasta festividades religiosas; las fiestas del Santo Patrono del pueblo, Día de Muertos, la celebración del 12 de diciembre día de la Virgen de Guadalupe, no sin olvidar los actos públicos oficiales de los gobiernos de cada ciudad y pueblo, donde es casi obligatoria la presencia de grupos musicales como bandas y mariachis. Todo esto se ve reflejado en la producción fílmica de estos años de la llamada Época de Oro.

Maricruz Castro-Riquelme (2014) en su artículo *El cine mexicano de la edad de Oro y su impacto internacional* afirma que:

"...hay una presencia significativa de la cultura mexicana, constatada no sólo por la gastronomía, sino por imágenes de Frida Kahlo, iconografía relacionada con la Virgen de Guadalupe, sombreros charros, música ranchera e, incluso, narcocorridos. Lo que los mexicanos consideran sus símbolos nacionales, en muchos casos, forma parte de la vida cotidiana en otros países de América Latina."

Esto comprueba el hecho de que lo que se mostró al mundo en este periodo de producciones de cine tuvo influencia en gran parte del continente. No podemos negar esta situación, México es apreciado en el extranjero por su cultura, su música, su gente, su alegría y su capacidad artística y esto lo aseguro porque durante mis quince años de formar parte del grupo de música folclórica mexicana La Choya de la Universidad Autónoma de Baja California y de tener la oportunidad de visitar otros países en festivales internacionales de folclor en Europa y Estados Unidos, experimente en carne propia la respuesta del público, eufórico y emocionado desde el mismo momento en que se anunciaba la participación de la delegación mexicana en cada uno de los festivales en los que participamos.

Por otra parte, y muy a pesar de esta dudosa representación del mexicano de esos años en los que la música folclórica se incluyó en el cine, existen *errores* que desde mi análisis musical dentro del folclor mexicano considero imperdonables. Sin el afán de juzgar lo que los grandes cineastas de esta época lograron en cada una de las producciones en cuanto a elementos que conforman la película como argumento, guion, fotografía diseño de arte, vestuarios, escenografías etc., si considero que no fue necesario sacrificar manifestaciones musicales que por el solo hecho de incluirlas en las cintas dieron un toque profundamente bello y real a la producción fílmica. Como afirma José Gabriel San Vicente (2010) en su artículo titulado *La música tradicional y la música para niños*, publicado en el Boletín oficial número 90 INAH:

...La música tradicional es la música transmitida de generación en generación de forma oral al margen de la música académica (ésta constituye una tradición en sí misma); es parte de los valores y la cultura de un pueblo; tiene un marcado carácter étnico, que la hace fácil de comprender a escala internacional; se practica en un medio urbano o rural, aunque apela más a este último; es "música del pueblo que ha sido trasmitida de generación en generación [...] por memorización o repetición, y tiene raíces profundas en su propia cultura".

Si las piezas musicales hubieran sido mostradas de la manera real en que se interpretan, lejos de dañar cada una de las producciones en materia de profesionalismo, considero que pudieron haber enriquecido de manera muy significativa cada una de las películas producidas, aún a pesar de la pobreza que mostraba en esos tiempos las bandas sonoras de las producciones.

Como anteriormente mencioné, en este análisis, mostrare mis reflexiones con respecto a la película titulada "***Allá En el Rancho Grande***" de Fernando Fuentes, con fondos y dirección musical de Manuel Esperón.

Para efectos de este análisis será necesario resaltar la gran diferencia en el campo musical que existe entre las dos versiones ya que la primera fue mucho más apegada al sentido sonoro real, ejecución e interpretación de las piezas musicales, desde su instrumentación hasta la conformación de los conjuntos musicales. La segunda versión con Jorge Negrete si bien tuvo una intensión diferente a la primera musicalmente hablando cae en errores que demeritan la música folclórica de nuestro país. Una de las razones de que esto se presentara de esta forma fue la tendencia que se adoptó de seguir los formatos del cine Hollywoodense de esos años en donde se inició el estilo de hacer de estos héroes rancheros de las películas figuras representativas y casi Dioses de las sociedades de esa época. Además, debemos considerar que la industria del cine es precisamente eso, todo un aparato industrial en el que se mezclan distintos intereses mercadotécnicos y publicitarios, y de promoción de artistas.

Dimensión temporal y espacial de la producción fílmica.

El nombre "Rancho Grande" es común en todo el territorio mexicano y sur de los Estados Unidos, por lo que difícilmente podríamos ubicar la película en un punto geográfico específico en el territorio mexicano y el filme solo muestra toda la trama de la película en un paisaje típico del campo mexicano o provincia, esto dificulta el establecer la existencia correcta de los conjuntos instrumentales que ahí se muestran. Además del nombre Rancho Grande, se menciona, pero nunca aparece Rancho Chico. La única referencia espacial que encontramos es un diálogo que menciona un viaje a San Onofre la cual es una localidad del estado de Jalisco y que actualmente aún existe.

La dimensión temporal la ubicaremos por la ficha técnica de la película que la sitúa en 1936 la primera versión y 1948 la segunda, sin embargo, es difícil definirlo en base a escenografías o algún otro elemento.

Allá en el Rancho Grande, versión 1936.

Considerando que el actor principal Tito Guízar es músico y cantante, todas las piezas ejecutadas por él en la guitarra tienen mánicos correctos de acuerdo con el folclor mexicano. El mánico es el nombre que se le da popularmente a la forma en que se mueve la mano derecha para producir un ritmo sonoro sobre las cuerdas en la boca u orificio de la caja sonora de la guitarra.

La canción tema de la película que funciona como introducción y que después es ejecutada en la escena de la cantina e interpretada por Tito Guízar con un ritmo ranchero básico es de dominio popular, es decir, la autoría se pierde en el tiempo y no es posible ubicarla en una zona específica de México. Sin embargo, es ejecutada con guitarras y violines en la introducción de la película instrumentos muy generalizados en todo el centro y sur del país.

En la escena en que Esther Fernández interpreta la pieza Canción Mixteca, ubican al músico de espaldas, lo cual no permite ver los mánicos por lo que nos atrevemos a decir que fue utilizada una pista sonora para el acompañamiento de esta pieza la cual es cantada con el estilo típico de soprano por la artista, recordemos el hecho de que el cine de ese tiempo tomó los formatos de Revista Musical del teatro y esa era la forma en que se cantaba en esos años. Se comprende el hecho de que no se tuviera la intención de no mostrar al músico ejecutando la pieza y que esto haya tenido que ver más con el ángulo en que se realizó la toma de la escena que con una intención de no mostrar la ejecución de la pieza en la guitarra, sin embargo la pista nos marca un ritmo clásico de tiempo en ¾ conocido como ritmo Ranchero ¾ que es muy parecido al Vals, también localizado de manera muy general en toda la música folclórica del país. La región Mixteca, de donde toma el nombre la pieza, está conformada por zonas de los estados de Puebla, Oaxaca y Guerrero, toma su nombre de los indios mixtecos que se esparcieron por toda esta zona. Sin embargo, es una pieza generalizada dentro del folclor mexicano cuyo autor es José López Álvarez, músico y compositor oaxaqueño.

La escena que se ubica en el Palenque de gallos presenta un espectáculo de danza folclórica correspondiente al ritmo conocido como *jarabe,* el nombre de la pieza es *El Jarabe Tapatío,* pieza tradicional del estado de Jalisco. Este número musical es de extremada belleza en esta versión ya que es interpretado por dos grupos musicales conocidos como Trio Murciélagos y Trio Tariacuris los cuales ejecutan la melodía con requintos lo cual ya es muy difícil de encontrar en la época actual por situaciones de sonoridad tanto en escenarios como en festividades en las plazas de los pueblos en la provincia o en la ciudad. Es importante recordar que fue hasta 1933 que aparece una trompeta en un mariachi en una película, pero aún no estaba generalizado el uso de este instrumento en los mariachis y el conjunto instrumental de Trio solo lo conforman guitarras y requintos. El mánico de esta pieza es ejecutado como ritmo de *chilena,* lo cual puede ser considerado correcto ya que fue toda la zona de Guerrero a Jalisco uno de los puntos más influenciados por la migración de grupos de Chile la cual modifico parte del folclor de estos estados mexicanos.

En la escena de la *Serenata,* el conjunto instrumental que aparece es el clásico conjunto instrumental utilizado en esos tiempos en la provincia de México. Violines, guitarras, arpa y guitarrón es el tradicional *mariachi de pueblo* y estos grupos se ubican del estado de Michoacán a Jalisco. La interpretación y ejecución corresponde perfectamente a la banda sonora, es decir lo que se ve es congruente con lo que se escucha. Los mánicos son correctos, la combinación de ritmos y tiempos son correctos, los bajos corresponden al ritmo (en cuanto al movimiento de las manos). Las voces son presentadas en primera y segunda voz. La banda sonora nos ofrece el sonido correcto de violines en cuanto al número de violines que se ve.

Allá en el Rancho Grande, versión 1948.

En esta versión también producida por Fernando Fuentes observamos una serie de errores innecesarios desde el campo de lo musical y folclórico. Aún y considerando, como anteriormente se mencionó en este trabajo que en esta versión se siguió una tendencia del cine de Hollywood, la musicalización exagera y contrapone la banda sonora a la imagen de los conjuntos instrumentales.

La introducción con la pieza *Allá en el Rancho Grande* está interpretada con orquesta con un contenido exagerado de metales que no permite definir si es orquesta o banda, además de que la calidad sonora que se supondría tendría que ser mejor por la diferencia de tecnología existente ya para esos años, es de muy mala calidad.

Esta versión con Jorge Negrete en el papel principal, pareciera que fue producida con la única intención de promocionar al artista, ya que las canciones que son interpretadas por el muestran un grado de dificultad vocal muy alto, clásico del estilo de canto y tesitura de barítono de Jorge Negrete, pero absurdo en cuanto a la congruencia entre los conjuntos instrumentales que se ven y lo que se escucha en la banda sonora, incluyendo los mánicos y la velocidad a la que son ejecutadas las piezas. Si bien es cierto que dentro del folclor mexicano existen dos estilos de interpretación diferentes, uno basado en la velocidad a la que se interpreta una pieza, esto por lo general se ejecuta o se hace solo con la intención de acaparar la atención de públicos turísticos, y otro de acuerdo al contenido emocional, lento y profundamente sentimental; resulta agresiva la forma en que en esta versión se interpretan *Lucha María, El Gallero y el Jarabe Tapatío* exageradamente rápidos y con cambios de velocidad agresivos.

Lucha María pieza utilizada en la escena de la cantina y con la cual se hace una *topada* que es una forma de canto que generalmente se ubica en la zona de la Huasteca, se interpreta con un mánico de huapango popular o chilena pobremente ejecutado por Jorge Negrete. En este tipo de canto un cantante interpreta un verso y otro le contesta, todo en base a la improvisación de versos. Generalmente este tipo de topadas en el cine mexicano terminan en pleitos y es común encontrar este formato tanto en la zona del estado de Veracruz, la Huasteca, la zona del Bajío y Guanajuato.

El folklor mexicano mostrado en las dos versiones.

Desde mi percepción, puedo observar que la película Allá en el Rancho Grande fue un intento más o menos logrado de promocionar de manera general la música folclórica mexicana. Un muestrario de distintos géneros musicales de nuestro país que difícilmente se podrían encontrar en una sola zona, en el caso de que se hubiera podido ubicar a Rancho Grande en el estado de Jalisco.

Sin embargo, reitero mi posición crítica en el sentido de lo que se muestra en la segunda versión en 1948, la cual haya tenido la intención que fuera, considero no debió haber sido realizada con los errores musicales mencionados anteriormente, pues como Yolanda Moreno Rivas menciona;…"el papel de la canción en el cine mexicano durante las últimas décadas continuaría siendo el mismo: aprovechamiento comercial del prestigio de un compositor, canción o un cantante de moda…" (Moreno, Y. 2008).

Allá en el Rancho Grande una producción fílmica que marcó el inicio de La Época de Oro del Cine Mexicano, en esta primera parte de cine musical, tuvo la participación de músicos de gran talla como Manuel Esperón y Lorenzo Barcelata, artistas y cantantes de oficio como Tito Guízar y Jorge Negrete y la participación de grupos de gran calidad y talento como los tríos Murciélagos y Tariacuris, es una lástima que no se haya cuidado la parte de realidad dentro del campo de la música folclórica mexicana y sobre todo considero que pudo haberse mostrado un poco más fielmente nuestra riqueza cultural dentro del folclor mexicano, ya que como José Gabriel San Vicente menciona:

…" La música tradicional es la base para la educación musical, ya que por medio de ésta se aprende el amor a su pueblo…" San Vicente J.

Y yo me atrevería a mencionar, que también permite la permanencia de nuestra identidad nacional, que desde mi comprensión es lo que buscó el periodo Nacionalista en las Artes a través de un medio de comunicación masiva como lo es el Cine.

REFERENCIAS:

Garibay A., Pilón R., (2010). Una aproximación a la música prehispánica azteca. Boletín Oficial del Instituto Nacional de Antropología e Historia. Memoria del V Foro Internacional de Música

Tradicional. Nueva Época, Sep.-Dic 2010.México. Pág.- 4-5.
Gómez H., (2009). Las Bandas de Viento en Chiapas. Identidades musicales emergentes.

Boletín Oficial del Instituto Nacional de Antropología e Historia. Música Tradicional: raíces, trayectorias y encuentros históricos, II. Nueva Época, mayo-agosto 2009. México. Pág. 3.

Jáuregui J., (2007). El Mariachi. Símbolo Musical de México. INAH-CONACULTA. Editorial Taurus. México 2007. Pág. 99-108.

Moreno Y., (2008). Historia de la Música Popular Mexicana. Editorial Océano de México, S.A. de C.V. México. 2008. Pág. 53.
DEL, (2016). Diccionario de la Lengua Española. Apps. Virtual. Real Academia Española.

LAS COMPLEJIDADES DEL SER HUMANO LLEVADAS A LA PANTALLA.
Stephen King una propuesta de actualidad desde los 70´s.

XII Congreso Internacional de Teoría y Análisis Cine-matográfico SEPANCINE. 21 -23 junio de 2018. Cd. De México.

"Los monstruos son reales y los fantasmas son reales también. Viven dentro de nosotros y a veces ellos ganan.".- Stephen King.

Stephen King es uno de los escritores más populares y prolíficos de la literatura de Terror desde los años setenta, cuenta con más de cincuenta novelas reconocidas de las cuales varias han sido adaptadas al cine y a la televisión. Talvez las más populares para cualquier aficionado a este género puedan ser Carrie (1974) con un remake en 2013; El resplandor (The Shining, 1977); Cujo (1981); Cementerio de animales (1983); La niebla para cine (The Mist 1983) y una adaptación a serie en 2017; It (1986) de la cual se acaba de estrenar un remake en 2017; Misery (1987); Tomynockers (1987); y aunque se sale del género, El Pasillo de la muerte (The Green Mile 1996). Y de especial interés para King la recién estrenada en pantalla La Torre Oscura (The Dark Tower, escrita en 8 libros del 1982 a 2012, cuyo estreno en cine del libro 1, 2017).

El presente trabajo propone un análisis de algunas adaptaciones de sus obras contemplando la complejidad del perfil psicológico de sus personajes e historias y su reflejo de nuestra sociedad.

El Autor.
Mucho se ha hablado y escrito sobre Stephen King. Blogs, biografías, críticas en revistas, análisis literarios y hasta canales

en YouTube es posible encontrar hoy en día en el ciberespacio, periódicos y revistas. Ilimitadas referencias que hablan sobre sus novelas, sus frases características, su filmografía en cine y televisión. Sus libros siguen vigentes y se siguen reimprimiendo en distintos idiomas y modalidades, desde los ejemplares de bolsillo hasta las ediciones de lujo, pero también es posible encontrarlos de acceso libre en la web. Sus películas se siguen exhibiendo en canales públicos y de paga. Y lo más importante, su trabajo se sigue adaptando al cine. En el presente año, Stephen King toma nueva fuerza y vuelve a entrar al radar de las audiencias.

Sondeo en redes sociales.

En un sondeo realizado el pasado mes de mayo en redes sociales justo antes de dos de sus estrenos más esperados, (*La Torre Oscura* y la adaptación de *It*) con la intención de conocer qué tanto dicho autor seguía vigente y cuáles de las adaptaciones de sus obras fueron más apreciadas, los resultados arrojados fueron gratos y hasta cierto punto lógicos desde mi valoración.

De una población de 350 personas de distintas edades entre los 30-50 años, generación de los años en que King tuvo sus primeros éxitos (1974-1987), los que respondieron a la encuesta fueron 55 personas, es decir, solo el 16% conocía al autor.

La película más vista por esta muestra ha sido *It* (1986) y la menos vista *Tomyknockers* (1987). Sin embargo, el libro más leído por ellos es *Carrie* (1974), y el menos leído es de nueva cuenta *Tomyknockers*.

Lo que consideraron como mejor (es) películas fue *It* y *El pasillo de la muerte*. Y la peor película una vez más *Tomyknockers*.

La más compleja psicológicamente *El resplandor*, y la menos compleja *Los Tomyknockers.*

Por último, se preguntó en este sondeo, cuál de las películas le había impactado más, y la más impactante fue *It.* Creo innecesario mencionar cual no tuvo impacto en las personas.

¿Pero por qué Tomyknockers ha sido la peor historia de King llevada a la pantalla? O, dicho de otra manera, ¿por qué se adaptó esta historia al cine? ¿Qué llevó a King a escribir algo como Tomyknockers después de los éxitos aclamados de Carrie, It o El resplandor?

Paso a hacer una breve descripción de estas obras antes mencionadas procurando enfatizar lo que desde mi percepción pudo haber sido la causa de esta diferencia.

Las historias y sus personajes.

Carrie (1974) dirigida por Brian de Palma de la que se realizó una adaptación en 2013 y que dirigió Kimberly Peirce, cuenta la historia de una adolescente con poderes telequinéticos, quien se enfrenta a la llegada de su primer periodo menstrual en los baños de la secundaria en donde estudia y donde sufre el *bullying* o *acoso escolar* de sus compañeras. Esto sumado al dominio de su madre fanática religiosa que la obliga al encierro y a pedir perdón a Dios por lo que le sucede de manera biológica natural, la obliga a vivir un ambiente agresivo y humillante lo que le genera una crisis violenta que provoca el disparo incontrolable de sus poderes telequinéticos y con los cuales toma venganza contra los que la humillan y someten. Actualmente el bullying es un tema de preocupación a nivel familiar y social, como referencia, el INEGI reporta que en 2009 en el DF hoy Ciudad de México hubo 190 suicidios por maltrato escolar. Instituciones de gobierno, de salud y empresas privadas buscan atacar este mal social. Carrie es un reflejo de lo que ya sucedía en los 70´s, y King lo narra en esta historia.

It (1986) con una adaptación en septiembre de 2017, dirigida por Andrés Muschietti, y cuya adaptación lleva recaudado 274 millones de dólares, ha sido una de las mejores adaptaciones de las obras de Stephen King. Desde las primeras páginas, o escenas, *It* nos da un aviso sobre el tema central de esta historia, los *miedos infantiles,* terrores que años más tarde tienen la potencialidad de convertirnos en fóbicos de cualquier cosa sin poderlo explicar y nos convierten en clientes habituales de todo tipo de asistencia psicológica, psiquiátrica o integrantes de grupos de apoyo. Tras la existencia de un ente de origen extraterrestre que tiene la capacidad de tomar la forma de aquello que precisamente provoca nuestros miedos, de los cuales se alimenta, **It** nos sugiere entre momentos de tensión extrema y brincos en nuestros asientos, que la forma más efectiva de vencer esos miedos es con el poder que nos da reunirnos con nuestros símiles, luego entonces estaríamos hablando del tema de la búsqueda de *Identidad, Valores* (expresados en la solidaridad, amistad, apoyo y trabajo de equipo que se establece entre el grupo de niños personajes centrales de la historia). Actualmente, instituciones de todo tipo como universidades, gobierno a través de sistema educativo y empresas privadas y ONG promueven campañas y programas que buscan retornar estos temas en nuestras sociedades.

El Resplandor (1980). Dirigida por Stanley Kubrick y considerada como *película de culto* es tal vez, una de las historias más representativas de la obra de King. La violencia de Jack Torrance contra su esposa e hijo, las afectaciones del personaje, psicológicas y físicas, un alcohólico y loco, generan una atmosfera en la que lo sobrenatural pasa a segundo plano y en primera instancia nos domina la expresión facial de sadismo y locura que Jack Nicholson nos regala en una actuación magistral. Basta dar una ojeada rápida a periódicos y noticieros actuales para creer que King es un profeta, pues en promedio entre 2013 y 2015 en México sucedían 5 asesinatos de mujeres al día la mayoría de ellos realizados por miembros de la familia de la víctima. Según Octavio Islas, director del Centro de Altos Estudios en Internet y Sociedad de la Información de Quito, Ecuador, en su Blog menciona que: ...en 2017, se han registrado en el país más de mil doscientos casos de asesinatos de mujeres, por el hecho de ser mujeres[2]De acuerdo con un análisis de José Merino, Jessica Zarkin y Joel Ávila las mujeres son asesinadas por "...inequidad y estructuras de violencia dentro de los hogares mexicanos"... La violencia intrafamiliar ha tenido una escalada, que para no salir del tema diré *aterradora.*

Tomyknockers (1993) con Jimmy Smith, Marg Helgenberger, Robert Carradine y dirigida por John Power para el canal ABC. En esta historia King presenta su versión resolviendo la identidad de los Tomynockers como extraterrestres. Estos seres de la cultura tradicional o popular americana tienen su similar en México y solemos llamarlos de distinta manera: el nahual o chupacabras, el coco o el viejo del costal, y representan a fantasmas o seres sobrenaturales cuyo único propósito es asustar a los niños. La película es asumida así, a pesar de presentar personajes con conflictos como alcoholismo, y habitantes del pueblo dominados y que serán transformados en esos seres a través del control mental, no ofrece desde mi opinión, mayor trama o situación aterradora como en sus anteriores historias si nos ubicamos en las situaciones narradas en sus películas previas. En esta solo se maneja fantasía, o situaciones poco creíbles como el poder mental del personaje central quien es escritora y hace funcionar una máquina de escribir solo con su mente.

En Conclusión, No pretendo analizar cada una de sus películas porque sería interminable. He querido tomar lo más representativo de sus obras adaptadas al cine para expresar lo que desde mi percepción representa la obra de Stephen King. Considero que la razón del éxito, o por lo menos la permanencia de un escritor por demás reconocido por prolífico en cuanto a cantidad de historias generadas y número de obras adaptadas al cine y televisión; tan solo en este año se han estrenado 4 de sus historias, evidencia que King, como muchos mencionan, es un escritor para las masas, popular y de fácil lectura, pero también es un artista que retrata todo aquello que en buena medida los seres humanos tratamos de guardar o mantener fuera de lo público y que sin embargo forma parte de nuestra compleja naturaleza humana.

No digo esto en el sentido de la representación en una sola historia de todas esas condiciones negativas del ser humano, sino que se vuelve indispensable conocer lo que toda, o por lo menos una buena parte de su obra literaria es, para tener la posibilidad de abarcar por lo menos un puñado de comportamientos, acciones, intenciones y provocaciones que las personas somos capaces de hacer a otras personas y que en el universo de King queda perfectamente representado.

A Stephen King se le reconoce como escritor de historias de Terror. Historias llenas de alucinaciones, monstruos, diablos, fantasmas; sangre, gritos; noches oscuras y sitios como drenajes y roperos repletos de monstruos, extraterrestres y naves, en pocas palabras: Ficción que se alimenta con leyendas de seres y ambientes de terror, horror, miedo y sustos.

Pero con lo que nos asusta King no es todo esto. El escritor nos entretiene con estos elementos mientras nos enfrenta a la existencia de nuestros propios miedos, desviaciones y vicios. Es la parte oscura y de difícil aceptación que existe en nosotros lo que impacta y nos genera esa afición por seguirlo viendo o leyendo. Con los estrenos de este año pasó exactamente lo mismo que en aquellas épocas de los 70´s a los 90´s. A unas películas le fue muy mal con las críticas y a otras les fue muy bien.

Tras el éxito de la adaptación *It,* llegó el estreno no muy bien recibido *de La Torre oscura.* Y tras el desencanto de **The Mist** nos ofrecieron la belleza *de El juego de Gerald.* Pareciera que existiese un esfuerzo constante por establecer quien logra la mejor adaptación de las obras de King. Lo que sugiere que es un reto adaptar a King al lenguaje audiovisual.

No quisiera terminar esta opinión sin mencionar que muy probablemente uno de los motivos por lo que las adaptaciones a la pantalla que se han hecho de sus libros han sido apreciadas, es que las películas cuentan con una selección de actores de renombre nominados o ganadores de Oscares: Jack Nicholson, James Cann y Tom Hank o Kathy Bates, Idris Elba, Jimmy Smith y Matthew McConaughey por citar a algunos tienen mucho que ver con su éxito popular.

Pero es la complejidad del trastorno del o los personajes centrales lo que dificulta la adaptación de sus obras aun cuando el avance de la tecnología le permite al lenguaje audiovisual hacer real cualquier escenario imaginado. En un universo de *Terror* lo que más nos aterra es lo que el ser humano es capaz de llegar a hacer, porque...si King se nutre de lo que él ve en nuestra sociedad para escribir sus historias con su posterior adaptación a la pantalla, entonces podríamos tomar como referencia que estas historias representan los problemas más evidentes en nuestra sociedad actual. Podríamos concluir que muchos de sus personajes representan algún tipo de enfermedad mental o discapacidad social y como referencia, la OMS en su Informe sobre la Salud en el mundo en 2001 nos dice que a inicios de este siglo existían en el mundo 450 millones de personas que padecían enfermedades neuropsiquiátricas, es decir el 25% de la población mundial. Difícilmente podríamos pensar que este número ha bajado.

En un balance final me atrevo a decir que las películas basadas en historias de Stephen King nos atraen, nos entretienen, pero también nos enfrentan a nuestros propios monstruos internos como individuos y como sociedad.

Las historias y los personajes de King son de actualidad y desde los 70´s King nos toma una foto a los seres humanos a la que el cine le pone movimiento; pero lo que nos paraliza en nuestras butacas es la interrogante de enfrentarnos a la posibilidad de ser o que nos suceda "Eso". Es decir, que los monstruos ganen.

REFERENCIAS:

[2]Frida Guerra. Feminicidios 2017. https://www.google.com/maps/d/viewer?
mid=1Jq0aIm4odBMgq82pxxHSsF2_NjY&ll=20.173513200000
013%2C-100.9919246&z=8

Ignis Fatuus. (2015) Stephen King y su Show de Monstruos. Blog Opinión, Terror, Ciencia Ficción, Fantasía y demases. Recuperado el 27 de mayo de 2017 de: http://ignisfatuus132.blogspot.mx/2015/07/stephen-king-y-su-show-de-monstruos.html

OPS, (2009). Epidemiología de los trastornos mentales en América Latina y el Caribe. Organización Panamericana de la Salud. Washington, D.C. ISBN:978-92-75-31632-0 Documento recuperado el 26 de agosto de 2017 de: https://books.google.com.mx/books?
hl=es&lr=&id=VpX64YMGAKoC&oi=fnd&pg=PR7&dq=principa
les+enfermedades+mentales++en+2017+en+M
%C3%A9xico&ots=9JN6zAaW1M&sig=H4cmS_CIY6pa4Jp-
KVRwbE-Yo4ow#v=onepage&q&f=false

Stephen King, el inspirador de Hollywood, (2017). Recuperado el 30 de agosto de 2017 de: http://www.nacion.com/ocio/cine/Stephen-King-inspirador_0_1658034188.html

NARRATIVAS Y DIMENSIONES: EL USO DE LA DIMENSIÓN ALTERNA PARA RESOLVER HISTORIAS EN LA DIMENSIÓN VIRTUAL.

Segundo Coloquio de Narrativas. Benemérita Universidad Autónoma de Puebla / Facultad de Ciencias de la Comunicación. H. Puebla de Zaragoza. 11 al 13 de abril de 2018.

Es indiscutible que nuestras vidas ya no pueden transcurrir normalmente sin el uso de la web o la conectividad que nos ofrecen las redes sociales; plataformas para enseñar o aprender, sistemas para comprar o vender y las bases de datos para localizar información o depositar las nuestras, son solo algunos ejemplos que han invadido nuestras vidas. La población mundial se conecta entre sí a través del espacio virtual. Sin embargo, hasta ahora no existe para mí una explicación "comprensible" de lo que es el espacio virtual.

Según el *Diccionario de la Lengua Española (DEL)*, Internet se define como:

"Red informática mundial, descentralizada, formada por la conexión directa entre computadoras mediante un protocolo especial de comunicación"...,

Pero ¿Dónde está?, ¿tangiblemente qué es? Y la respuesta que dan los profesionales de la informática y la ingeniería es: ... "En el espacio virtual". ¿Y qué es el espacio virtual? De nuevo la definición nos dice que es un entorno interactivo adaptado para Internet, que representa escenarios reales o inventados que se han modelado utilizando tecnologías de realidad virtual". Como la intención de este trabajo no es definir estos conceptos, me concretaré a definirlo como otra realidad, un universo alterno en donde existimos o buscamos existir y donde controlamos lo que queremos que otros crean que somos, mostrando solo aquello que nos agrada de nosotros mismos o por el contrario exhibiendo comportamientos diferentes de los que normalmente las personas con las que coexistimos físicamente en este plano pueden ver. Así que, para efectos de este trabajo, definiré el espacio virtual como una dimensión alterna.

La llegada de internet ha tenido un efecto directo en fenómenos como la Globalización en todos los ámbitos y disciplinas del quehacer humano; lo social, lo político, lo cultural y lo económico se ha visto magnificado por el fenómeno virtual llevando a los seres humanos a la expansión de la comunicación en el sentido de llegar a más personas, pero también a más lugares a los que probablemente no podríamos ir físicamente. Sin embargo, no es tampoco mi intensión evaluar la calidad de esta comunicación, sino solo evidenciar que difícilmente nuestras historias personales podrían seguir existiendo sin el uso del fenómeno virtual.

La pérdida de fronteras en los medios de comunicación también se ha visto afectada por este fenómeno y ha generado formas nuevas de comunicar y de contar historias. En este ámbito la aparición de empresas que ofertan contenidos narrativos en video a los que en décadas anteriores solo podíamos acceder a través de la asistencia a un cine o la televisión en nuestros hogares, ha marcado un rumbo por demás interesante y complaciente para los distintos gustos de los fanáticos de películas o series, sean ficción o no ficción. Es en esta dimensión alterna a la que he llamado así con anterioridad, en donde la plataforma de las letras rojas ha cobrado significativa importancia en los últimos años. Encontrando la fórmula perfecta para entrar a formar parte de nuestras ya de por si saturadas rutinas.

Es Netflix una empresa virtual que en el campo del VOD (video sobre demanda) se ha mantenido en los últimos años en la preferencia de los públicos. Con 139 millones de suscriptores a nivel mundial según CNN y una inversión en contenidos solo en 2018 de 8 mil millones de dólares supera en mucho los esfuerzos que otras plataformas como Amazon, Hulu o YouTube han intentado superarle.

Pero ¿qué es lo que hace atractivo a Netflix aparte de la posibilidad ya por sabido de decidir qué ver, a qué hora y cuándo? Desde mi percepción, la variedad de contenidos originales que nos permite disfrutar la forma de hacer cine y contar historias en otros países además de las producciones reconocidas de autores premiados, adaptaciones y series tradicionales. Netflix ha sabido ofrecer contenidos nuevos y no tan nuevos para distintos públicos abarcando así a una población diversa.

En este trabajo, menciono tres producciones ofertadas en esta plataforma, que manejan en su narración el uso de dimensiones alternas para la resolución de su historia. Dos series originales de *Netflix*: *Stranger Things* (Hermanos Duffer, 2016) estadounidense, 2 temporadas, nominada al Emmy; *Dark* (Baran Bo Odar, 2017) 1 temporada alemana. Y una coproducción: *Star Trek Discovery* (Bryan Fuller y Alex Kurtzman, 2017), concluyendo cómo la vida real se ve reflejada en el arte de la narrativa cinematográfica y el video *On Demand.*

STRANGER THINGS.

La historia se desarrolla en un pequeño pueblo llamado Hawkins, Indiana, Estados Unidos. Ambientada en los 80´s y con referencias a películas de Spielberg, Carpenter o Lucas, nos presenta un universo en el que los personajes principales son niños alrededor de los 13 años, *"nerds"*, muy unidos y fanáticos de juegos de mesa como calabozos y dragones. Los conflictos empiezan al desaparecer uno de ellos. Will Bayers, el más introvertido y aparentemente con problemas de interacción psicosocial, lo que genera una serie de aventuras por las que atraviesan no solo sus amigos, sino también la familia de Will y el Sheriff del pueblo.

La trama nos lleva hasta el conflicto de la presencia en el pueblo de entidades de una dimensión a la que llaman "Upside Down" cuyo portal hacia esa dimensión fue abierto por un laboratorio militar disfrazado de central de energía, en el que científicos experimentan con niños especiales con poderes sobrenaturales. Es uno de estos niños la que se convierte en heroína. Llamada "Once" (eleven), lo que sugiere que se experimentó con diez niños anteriormente, la que resuelve la historia pues es la única que puede cerrar el portal interdimensional porque fue ella la que lo abrió en un momento de descontrol emocional incitado por su padre, quien fue cruel al obligarla a utilizar sus capacidades.

La historia fluye entre las dos dimensiones de manera intercalada como se muestra en la presentación (Power point) y los personajes principales viajan al Upside Down de la misma manera que los villanos a la dimensión real.

DARK.

En esta serie alemana, el pueblo en que suceden las desapariciones de niños es una localidad ficticia llamada Winden. La complejidad y densidad de la serie ofrece un clima de suspenso en el que se nos presentan personajes a los que es muy difícil definirlos como héroes o villanos.

La historia está inmersa en la relación de cuatro familias que están conectadas por un secreto oscuro que en la primera temporada solo se deja entrever como algún tipo de corrupción en la planta de energía nuclear de la que es dueña una de las familias.

El ambiente que da el hecho de que siempre está lloviendo y el estilo lento de cine europeo le suma a la historia y al clima de suspenso. De igual manera la cantidad de simbolismos e información científica presentes de entre los que podemos encontrar; teorías de física y física cuántica, mitología griega y celta, referencias a la Tabla Esmeralda y a los ciclos lunisolares, agujeros negros y puentes de Einstein-Rosen (agujeros de gusano) hacen de *Dark* una producción compleja pero muy interesante, en la que la dimensión alterna corresponde a viajes en el tiempo y con esto el núcleo principal de toda la historia son las paradojas temporales. Solo 2 personajes realizan estos viajes, pero es evidente que eso es suficiente para generar toda una maraña de acontecimientos por demás compleja.

Star Trek Discovery.

No es la primera vez que la saga Star Trek maneja el tema de dimensiones alternas. En sus versiones originales ya el capitán James Tiberios Kirk lograba cruzar junto con su tripulación portales dimensionales. Esta entrega de la saga nos narra la historia antes de los tiempos de Kirk. La misión de esta nave llamada la Discovery es la misma de la tan reverenciada Enterprise, descubrir nuevos mundos y civilizaciones y llegar hasta donde el hombre jamás ha llegado.

Sin embargo, hay dos puntos en los que la narrativa de estas nuevas aventuras de las naves de la Federación de Planetas se diferencia. Por un lado, en las versiones originales son hombres los héroes y villanos principales y en esta versión es una oficial científica la heroína, pero además es una terrena educada como vulcana, la oficial Michael Burnham. (se pronuncia Maikel).

La serie presenta la existencia de *Universos Espejo*, es decir, los personajes en el universo real tienen su contraparte en el universo o dimensión alterna y solo hacia el final de la primera temporada se ofrece esta información. Por otra parte, y en cuanto al abordaje de las dimensiones, la historia va de un universo a otro solo en los últimos dos capítulos de cada temporada.

Recapitulando...

En estas tres series producidas por Netflix, el uso de las dimensiones alternas; si bien el viaje a ellas de ida o de vuelta se presenta de manera diferente, se puede evidenciar que la historia es dependiente de los hechos o de los personajes procedentes de ellas con la particularidad de ser ofertada en lo que yo he llamado la dimensión virtual. La historia depende de esa dimensión, así como nosotros cada vez dependemos más de esa dimensión que ha invadido y transformado nuestras vidas y de la que difícilmente podremos escapar, el mundo virtual.

WALL·E
Una distopía en el espacio como consecuencia del daño ecológico extremo.

Ficha Técnica de la película:

-*Película*: WALL · E

-*Director*: Andrew Stanton.

-*Año*: 2008.

-*País*: Estados Unidos.

-*Duración*: 103 min.

-*Productor:* Jim Morris, Lindsey Collins, John Lasseter

-*Casa productora*: Walt Disney Pictures, Pixar Animation Studios

-*Guion*: Andrew Stanton, Jim Reardon (Historia: Andrew Stanton, Pete Docter).

-*Fotografía*: Jeremy Lasky, Danielle Feinberg.

-*Música*: Thomas Newman.

-*Reparto*: Ben Burtt (Wall·e, MO); Elissa Knight (Eva); Jeff Garlin (Capitan B. McCrea); Sigourney Weaver (Computadora de Axioma)

-*Género cinematográfico*: Animación, Ciencia ficción, Comedia, Romance, Infantil.

-*Sinopsis*:

En un planeta Tierra invadido por la acumulación de basura un pequeño robot laborioso con ojos de ensueño emprende una aventura de rescate de la raza humana. Sin saberlo y de la mano de quien resulta ser su ansiada pareja de baile y la solución a su soledad, ni el espacio, ni la desolación logran evitar el surgimiento del amor, la renovación y la vida.

Wall·e es una de las películas animadas más hermosamente creadas por los estudios Disney/Pixar. El New York Times en su edición del 27 de junio de 2008 publicó la crítica de más de mil palabras de A.O. Scott iniciando con el siguiente comentario:

"Los aproximadamente primeros 40 minutos de Wall-E (...) son un poema cinematográfico de tanto ingenio y belleza que sus implicaciones más oscuras quizá tarden en calar hondo." (Scott, 2008 sección Movies/Movies Review, párrafo 1).

Y con respecto a esto nueve años después se puede decir que hasta ahora una de las más importantes casas productoras de animación de Estados Unidos no nos ha vuelto a dar una película similar. Clasificada como película infantil, Wall·e nos muestra un mundo en donde las palabras son innecesarias y las imágenes e íconos nos dan muestra de lo que es elemental y crítico para la sobrevivencia de la especie y del medioambiente.

"...La vida se abre camino...".- frase icónica del Dr. Ian Malcolm (Jeff Goldblum) en Jurassic Park I (Steven Spielberg, 2013) y en Wall·e la vida en el planeta tierra la representa una pequeña planta que se abrió camino debajo de un montón de chatarra que nuestro sorprendido robot coloca en un zapato viejo y que guarda en su compartimiento para posteriormente en su hogar ser clasificada como un objeto especial. Es esta planta la causante de una carrera frenética de Wall·e y EVA, personajes centrales de la cinta que por salvarla y llevarla al centro de la nave en donde un Holo detector la escaneará y determinará si ya es tiempo de regresar al planeta atraviesan toda clase de aventuras. IMAGEN 3.

La vida en la Tierra.

Afortunadamente, el mundo presentado en Wall·e aún no existe. Es decir, por más que las agencias espaciales de los gobiernos de primer mundo lo han deseado aún no es posible enviar a la humanidad al espacio. Sin embargo, se tendrá que admitir que la acumulación de basura y el daño ecológico provocado en el planeta y mostrado en la película actualmente es preocupante, cada vez más se descansan las responsabilidades inherentes a los seres humanos en una automatización y un predominio de programas informáticos para el flujo de todo; las centrales hidroeléctricas, el control de tráfico aéreo, las telecomunicaciones y los sistemas económicos y de servicios, por citar solo algunos, son dirigidos por computadoras que responden a las llamadas directivas.

Las imágenes en pantalla presentan una Tierra que se encuentra ya cubierta de edificios de basura generada por los mismos habitantes que en su tiempo dependieron de una empresa que resolvería esto, *Buy-n-Large (BnL)* y que en la película se ve en grandes anuncios espectaculares en las calles de una ciudad sucia y polvorienta. Sin embargo, cuando la misma empresa fue incapaz de lograrlo se hizo necesario enviar en una nave al espacio a los seres humanos por unos años, pues la Tierra debía ser limpiada.

Resulta inquietante observar en esta película la forma en que se presentan los mundos invertidos. Mientras que los seres humanos viven de manera autómata, como robots, Wall·e (Ben Burtt) cuyo nombre surge del acrónimo en inglés *Waste Alocation Lord Lifted*

Earth Class (Levantador terrestre de carga ligera) vive de manera muy "humana". Trabaja diligentemente y parece que lo hace contento.

Recoger montoncitos de basura, comprimirla en su pequeña cavidad de la que expulsa bloques de chatarra y los cuales amontona en enormes edificios. Recicla partes viables y objetos que llaman su atención los cuales tipifica por su forma en un armario movible en su casa, un contenedor de la empresa que lo creo, la cual está ordenada y adornada con luces de árbol de navidad lo que le da un ambiente cálido y agradable y en la que al final del día, no sin antes cerciorarse de que su amigo y único compañero, una cucaracha, ha entrado y está seguro y comiendo una golosina. Es entonces que procede a ver en una pantalla un baile entre una pareja de humanos que al final entrelazan sus manos, lo que a Wall·e parece llama la atención, y a nosotros nos sugiere contacto emocional, humano, amor., y la evidente soledad en la que él vive.

La personalidad de Wall·e es realmente especial. Es un robot que se asusta y sabe que las tormentas de arena pueden hacerle daño y así lo demuestra al correr a su casa al ver acercarse una de ellas en el horizonte, mostrando solidaridad y responsabilidad por la seguridad de su amigo. También nos deja entrever una cierta curiosidad al tratar de imitar con sus propios dedos el entrelazamiento que hacen los humanos en la escena de amor de la película en el video. Es un robot aparentemente sensible, curioso y valiente. Un robot que se sale de la programación para hacer cosas para las que no fue codificado informáticamente, pero que son las correctas. Hasta que algo cambia.

Este cambio lo ocasiona EVA[1] (Elissa Knight) cuyo nombre surge también del acrónimo en inglés *Extraterrestial Vegetation Evaluator* (Evaluador de Vegetación Terrestre). Para Wall·e, Eva representa compañía, contacto con algo o alguien desconocido y novedoso, desde el aerodinámico cuerpo de *la robot*, hasta lo sofisticado de su forma de moverse flotando en el ambiente y sus peligrosos cañones que disparan abruptamente a cualquier objeto que se mueve en el paisaje desértico.

Pero lejos de cualquier idea de agresividad, conforme avanza la película podemos ver que EVA es una dama. Sus ojos azules formados por luces en un rostro oscuro, con un cuerpo brillante y estilizado, nos sugieren una feminidad sutil, cautivadora, pero también eficiente para cumplir con la función para la que fue creada. Aunque en un inicio ella es tímida, una vez que se da cuenta que el pequeño y sucio robot no representa una amenaza real para ella se permite divertirse junto a él. Desafortunadamente para Wall·e la situación cambia cuando EVA detecta la existencia de la planta ofrecida por Wall·e como uno más de los objetos que el colecciona. La directiva del robot es activada y provoca en ella la captura de la planta y su resguardo en su vientre, lo que sugiere una representación de la maternidad femenina bellísima. El cuidado y la preservación de la vida es la función primordial de EVA.

La vida en la nave espacial.

El mundo en el que viven los seres humanos en la nave espacial está lleno de comodidades. Las dificultades no existen, sus necesidades están resueltas y todo funciona en riguroso orden, el cual se mantiene así por robots de todo tipo. Pero... ¿realmente es ideal que la vida de un ser humano sea de esta manera? ¿Sin retos, sin el desarrollo de la creatividad y de cada sueño que se pueda tener?, ¿sin ambición? La sociedad que presenta esta película no podría ser real si tomamos en cuenta que simplemente las preferencias en cualquier área: ropa, alimentos, pasatiempos, etcétera, de una persona no es igual al de otra. Si bien es cierto que nuestras sociedades actuales tienden hacia una homogenización y masificación de consumo, aún es notoria la diversificación de gustos, costumbres y la búsqueda de lo individual. Por otra parte, la actividad de Wall·e en el planeta es rutinaria; trabajar, comprimir, amontonar, reciclar y desconectarse. Situación en la que también nos vemos reflejados los seres humanos por una cotidianidad abrumadora.

La película Wall·e es la representación de una humanidad relajada y sin preocupaciones. Una distopía disfrazada de utopía. De esta vida que el humano vive en el espacio resulta graciosa una primera mirada al medioambiente de la nave que nos remite al modo de vida que actualmente llevamos. Mucho se ha analizado en los últimos años lo tecno-dependientes que nos hemos vuelto y como resultado de este fenómeno el sedentarismo ya es considerado como factor de riesgo a problemas de salud mayores. Televisiones a control remoto que eliminan el tener que levantarse del sillón para cambiar de canal, compras en línea que ahorran tiempo de trasladarnos a los locales de víveres, y los tan utilizados y prácticos *chats, Skype o Hangout* que han mandado al olvido las visitas con los amigos y reuniones familiares o de trabajo.

En la película los humanos flotan en sus sillones a través de largos corredores hablando a una pantalla frente a sus rostros con otros humanos. IMAGEN 1. No es necesario levantarse de este sillón volador para satisfacer cualquier necesidad que tengan, estilistas y alimentos llegan casi en el mismo momento en que son solicitados y son traídos por robots de todo tipo. La moda solo cambia de color ahora azul, ahora rojo. Inclusive la existencia de un modelo de robot que se ocupa de levantar a quien se caiga de su sillón por accidente, pues el ser humano ya se olvidó de caminar y la permanencia en el espacio ha debilitado su estructura ósea además del sobrepeso producido por una alimentación constante a base de batidos de todo tipo y la falta de ejercicio físico ha dejado en manos de la tecnología la "vida" humana. Una sociedad en la que los humanos no deciden nada, porque todo está ya resuelto por la computadora de la nave llamada Axioma (Sigourney Weaver) y la legión de robots existentes en la nave.

El capitán de la nave B. McCrea (Jeff Garlin) es un humano que al igual que todos los demás evita el movimiento. Similarmente al resto de la gente en la nave, McCrea sufre de sobrepeso por la falta de movimiento y ha caído en una rutina abrumadora de inactividad y desinterés pues no hace nada como no sea el saludar cada día a los habitantes de Axioma, dejando el control a Auto[2] quien solo responde y actúa por medio de *"directivas"* las cuales, en el lenguaje de programación informática limitan o delimitan las acciones de los robots, resulta llamativo que sean los robots quienes a su vez, delimiten el movimiento de los humanos. Lejos de ser solo el piloto automático, Auto es el antagonista principal de la película, quien a toda costa intenta frenar el cambio en la nave. De personalidad fría y con movimientos rápidos y precisos, nos produce esa sensación de control absoluto. En el ojo rojo se puede ver el código A113 que representa la directiva por la que actúa sin importar las consecuencias, él hará todo lo necesario para cumplir y evitar el cambio en la nave.

El capitán es el personaje en la película que muestra el mayor interés por salir de ese letargo quien se da cuenta de las intenciones de Auto y nos muestra que sí es posible un cambio, aunque este parta tan solo de la curiosidad.

El conflicto nace en McCrea cuando advierte la insistencia de Auto por tratar de evitar el cambio a *manual* quitándole el poder de dirigir la nave y poco a poco el capitán toma conciencia, intuyendo que algo estuvo mal a lo largo del tiempo que los humanos han pasado en la nave.

Para ese momento, ya los pequeños héroes de la película han empezado su aventura en pos del rescate de la singular plantita en el zapato.

El encuentro de dos mundos

La vida de los seres humanos en la nave se desarrolla de la misma forma que la de Wall·e en el planeta, es rutinaria como se mencionó anteriormente, acostumbrados y detenidos en un riesgoso y aburrido modo de vida, en cada una de sus escenas la película nos obliga a enfrentarnos a situaciones que lejos de ser solo una bella o divertida escena de robots flotando entre las estrellas, enamorándose o corriendo y escapando de policías robóticos que buscan mantener el orden, parece lanzar la advertencia de que hay algo más, que se debe regresar a lo esencial de la vida. Y por supuesto nuestra pequeña planta en el zapato es la motivación que detona ese sentido de defensa de la vida que las más de las veces, es mucho más importante que una rutina cómoda.

En esta distopía, lo terrible no es el ver un planeta Tierra casi muerto y desolado como consecuencia de una falta de conciencia ecológica de los humanos, sino la forma en que los seres humanos se han vuelto autómatas sumergidos y detenidos en el tiempo, perdidos entre tecnología sin apenas darse cuenta de a quien tienen a su lado ni la forma en que sus propios cuerpos se han degenerado.

La intertextualidad y las referencias cinematográficas.

De especial interés resulta el hecho de las referencias e intertextualidad en Wall·e con respecto a *filmes* clásicos en el cine que alude un homenaje a grandes producciones cinematográficas. Y en primera instancia Andrew Stanton nos conmueve con la escena en la pantalla que Wall·e ve todas las noches al finalizar su labor diaria en donde la música de ¡*Hello, Dolly!* (Gene Kelly, 1969) nos remite al romanticismo del cine musical.

Difícilmente se puede dejar pasar las características físicas, de autonomía de pensamiento y ambición de poder y control casi idénticas en cuanto al antagonista Auto, quien se asemeja al también clásico villano de HAL 9000 de 2001: Una odisea en el espacio de Stanley Kubrick.

Por último y no menos importante es la mezcla de géneros que Stanton logra combinar de manera tan especial lo que provoca la sensación de estar viendo poesía en imágenes. El cine mudo en la primera parte de la película en donde conocemos la vida en la Tierra y a Wall·e, el cine de ciencia-ficción que nos muestra la vida de los seres humanos en el espacio. Y el cine documental en el ámbito de las técnicas cinematográficas que nos dan la sensación de que existe una cámara que se encuentra filmando y realizando movimientos de cámara como *zoom in* y *zoom out*, lo que le da cierto realismo a la animación, además del excelente trabajo de iluminación que se realizó en el *film* lo que le valió el Oscar como mejor película de animación.

Y recapitulando…

La utopía de la vida de los humanos en esta película es una distopía cuando se evidencia el deterioro humano físico y social del que las personas no se daban cuenta hasta que tanto el capitán como el intruso en la nave, nuestro personaje principal Wall·e y su cómplice EVA, alteran el orden mantenido hasta ese momento. Es entonces cuando por un efecto dominó y una serie de circunstancias las más de las veces en tono cómico y divertido, los seres humanos despiertan de su letargo y se dan cuenta de que algo pasa en su medio ambiente. (Aulestia, 2017).

La utopía de Wall·e es bella en el sentido de que nos permite soñar con un medio ambiente que nos exige un esfuerzo físico mínimo, pero es lo irreal de esta perfección y las consecuencias que podría tener la que nos lleva a la reflexión profunda de lo que la humanidad sin apenas darse cuenta está corriendo el riesgo de vivir en un futuro no muy lejano si continuamos con nuestro estilo de vida sedentario y aislante.

Sin embargo, es en esta distopía y es en esta película de animación que podemos encontrar que a pesar de que fácilmente acostumbrarse a una vida automatizada de este tipo es relativamente fácil, los valores y el sentido ético de los seres humanos indistintamente tienen que surgir en nosotros para atrevernos a conservar lo que conocemos como el concepto de "Humanidad", eso que nos ha mantenido por miles de años vivos en este planeta. Y es lo que esperanzadoramente nos trasmite Wall·e. IMAGEN 4

Premios y galardones:
❖ Premios Oscar 2008: Mejor Película de Animación (Andrew Stanton), 6 nominaciones: Mejor Guion Original (Andrew Stanton, Jim Reardon), Mejor Banda Sonora (Thomas Newman), Mejor Canción Original *Dawn to Earth* (Peter Gabriel, Thomas Newman) Mejor Edición de Sonido (Ben Burtt, Matthew Wood), Mejor Sonido (Tom Myers, Michael Semanick, Ben Burtt).

❖ Globos de Oro 2009: Mejor Película Animada (Andrew Stanton), Nominación: Mejor Canción Original (Peter Gabriel, Thomas Newman).

❖ Premios BAFTA 2008: Mejor Película de Animación (Andrew Stanton), 2 Nominaciones: Mejor Música Original (Peter Gabriel, Thomas Newman), Mejor Sonido (Thomas Newman).

❖ Premios: American Film Institute (AFI): Top 10 - Mejores películas del año.

Curiosidades:

❖ WALL-E recaudó un total de USD 223 808 164 en los Estados Unidos y Canadá, y USD 297 503 696 internacionalmente, sumando un resultado de USD 521 311 860 a nivel mundial, lo cual indica que fue la novena película con más ingresos en la taquilla del año 2008, así como la clasificada G por la MPAA que más recaudó en ese año y la octava con más éxito en ese aspecto de Pixar.

❖ Rotten Tomatoes reportó que un 96 % de las críticas respecto al filme fueron positivas, basándose en más de 200 reseñas, cuyo promedio fue de un 8,4 sobre 10.6 Mientras tanto, en Metacritic el filme logró alcanzar una puntuación de 94 sobre 100, basando dicha información en 37 reseñas. IndieWire nombró a WALL·E como el tercer mejor filme del año 2008, de acuerdo a su encuesta anual realizada sobre las 100 mejores películas, en tanto que Movie City News informó que la película había logrado ingresar en más de 162 listas de estilo top ten, además de que obtuvo más de 286 críticas positivas, y de que esta aparecía con frecuencia en posiciones altas dentro de diferentes listas, en las que se catalogaban las mejores películas de 2008.

❖ Sigourney Weaver prestó su voz para la computadora de la Axioma. Stanton bromeó sobre el rol de Weaver, expresando: « ¿Te das cuenta de que tienes que ser 'Mother' ahora?»; *Mother* es la computadora de la nave en la película de *Alien* (Ridley Scott, 1979), en la que Weaver participó y que la consolidó como actriz.

❖ En el género de Animación, Wall·e ha sido una de las películas con la mejor iluminación que Disney /Pixar ha realizado.

Referencias:
Ardila, R., (2008). WALDEN DOS, 60 AÑOS DESPUÉS

(1948-2008). *Revista Latinoamericana de Psicología* 2008, volumen 40, No 3, 595-597. Recuperado el 15 de septiembre de: http://www.scielo.org.co/pdf/rlps/v40n3/v40n3a14.pdf

Aulestia, C., (2017). EL DISCURSO DISTÓPICO EN LOS RELATOS DEL CINE, LA TELEVISIÓN Y LA LITERATURA: CUANDO EL FUTURO NOS ALCANZA. REVISTA PUCE. ISSN: 2528-8156. NÚM.104. 3 DE MAYO DE 2017 - 3 DE NOV. DE 2017, AULESTIA, PÁEZ, PP. 431-452. Recuperado el 12 de diciembre de 2017 de: http://www.revistapuce.edu.ec/index.php/revpuce/article/view/77/76

Blog La Perspectiva Utópica. Revisado el 9 de enero de 2018 en: https://anachela.wordpress.com/

Scott, A.O.,(2008). In a World Left Silent, One Heart Beeps. The New York Times. Recuperado el 15 de enero de 2018 de: http://www.nytimes.com/2008/06/27/movies/27wall.html

EDUCACIÓN

ESTRATEGIA DIDACTICA PARA LA CAPACITACION DE INSTRUCTORES DE CURSOS CULTURALES EN LA FACULTAD DE ARTES DE LA UABC

V Congreso Internacional de Educación de la Facultad de Ciencias Humanas y la Facultad de Pedagogía e Innovación Educativa de la UABC. 13 -15 de noviembre de 2015.

RESUMEN

Se presenta el diseño de una estrategia didáctica para la capacitación de instructores de cursos culturales de la Facultad de Artes en la elaboración de documentos en el área artística, académica y de gestión.

El objetivo es analizar estrategias de enseñanza desde un enfoque constructivista por ser esta corriente pedagógica el modelo educativo de la Universidad Autónoma de Baja California a la cual pertenece la Facultad de Artes.

El instructor de cursos culturales por la necesidad de invertir muchos años en su formación disciplinaria la cual exige dedicación de tiempo completo deja de lado la formación pedagógica, por lo que se hace necesaria una capacitación especial en las áreas mencionadas.

En otro sentido, la oferta de capacitación en la localidad no se adapta a las necesidades del instructor de cursos por lo que se hace necesario el diseño de un curso especial para estos maestros.

PALABRAS CLAVE:

Estrategia didáctica, instructor, capacitación, cursos culturales.

INTRODUCCIÓN

En el estado de Baja California, la oferta educativa a nivel superior la conforman universidades privadas y públicas. Entre las públicas tenemos la Universidad Autónoma de Baja California (UABC) que cuenta con campus en prácticamente todo el estado.

En el campus Mexicali, dentro de las llamadas escuelas o facultades *periféricas,* por estar fuera de la unidad central, se encuentra la Facultad de Artes. Dicha escuela posee subdirecciones en Tijuana, Ensenada y Mexicali.

La Facultad de Artes cuenta con cinco programas educativos; las carreras de licenciatura en Artes Plásticas, Danza, Música, Teatro y Medios Audiovisuales; y el área de cursos Culturales en las disciplinas de Artes Plásticas, Danza, Música, Teatro y Literatura. Además, tiene a su cargo los grupos Representativos de la UABC, así como la organización y promoción de la mayoría de los eventos culturales de la institución.

El presente estudio tuvo la intención de diseñar una estrategia didáctica para la capacitación de los instructores de cursos culturales de la Facultad de Artes campus Mexicali, en la elaboración de todos aquellos documentos requeridos por la institución que apoyan, facilitan, agilizan y permiten el buen logro de la gestión docente y que la oferta educativa cultural sea de calidad, además que permiten que los productos artísticos que se ofrecen a la comunidad adquieran un carácter profesional y académico.

El estado del arte muestra una laguna en el sentido de la capacitación pedagógica y gestión académica de instructores de cursos culturales, a pesar de que las políticas educativas y en materia de cultura incluyen la formación pedagógica, la capacitación en gestión cultural y la constante actualización de la planta académica de las instituciones públicas y privadas responsables de la promoción de la cultura. De ahí la importancia de indagar en este trabajo una estrategia didáctica pertinente y necesaria que coadyuve a una mejor calidad en el servicio cultural de nuestra institución.

SUSTENTACIÓN

Labarrere (1988), citado por la Dra. Vilma Mestre (s/f) menciona que, en el ámbito relacionado con la capacidad para el desempeño, resultante de la adquisición de conocimientos, "Las estrategias son instrumentos de la actividad cognoscitiva que permiten al sujeto determinada forma de actuar sobre el mundo, de transformar objetos y situaciones" (Mestre, s/f).

Dentro de las estrategias didácticas se encuentran las de aprendizaje y las de enseñanza. Este trabajo se enfocó en las últimas, las estrategias de enseñanza aplicándolas a la capacitación, en la cual desde el punto de vista de Mestre (s/f) pueden deducirse características aplicables, como: la configuración de acuerdo con el paradigma seleccionado, por tanto constituyen una guía para acciones deliberadamente planificadas; su aplicación no es automática, sino controlada y su ejecución permitirá el alcance de los objetivos propuestos; requieren de evaluación; están relacionadas con la metacognición o conocimiento sobre los propios procesos mentales; implican un uso selectivo de los propios recursos y capacidades disponibles; están constituidas de otros elementos más simples, que son las técnicas o tácticas de aprendizaje y las destrezas o habilidades. De hecho, el uso eficaz de una estrategia depende en buena medida de las técnicas que la componen. Diríase que le son imprescindibles los objetivos bien trazados, las acciones bien planificadas, y la posibilidad de que el sujeto asuma una determinada forma de actuar, de transformar objetos y situaciones. (Mestre, s/f)

Para la presente investigación se seleccionó de entre las estrategias de enseñanza la de «trabajo colaborativo», ya que la población de estudio pertenece a diferentes disciplinas dentro del arte y se considera que son los instructores de cursos culturales los que pueden definir y adaptar, según su disciplina, los documentos que se elaborarán en el área artística, académica y de gestión en un formato de taller y con grupos o academias según sus conocimientos y necesidades.

Desde la perspectiva de Nuria Rajadell Puiggrós (2008), la enseñanza en grupo es una estrategia formativa basada en la participación, en el trabajo al que se somete el propio colectivo, y fundamentalmente, en la comunicación, sin tener en cuenta la diferencia de niveles entre las personas que lo integran. La planta de instructores de cursos culturales está conformada por docentes con diferentes niveles de estudio, edad y experiencia disciplinaria.

La aplicación del trabajo colaborativo para el diseño de este curso de capacitación, se realizó desde un enfoque que tomo en cuenta las características de la educación para adultos, es decir, la *Andragogía*. Algunos autores han postulado la diferencia en la educación para niños y la educación para adultos haciendo hincapié en que no se pueden diseñar estrategias didácticas iguales para ambos, ya que los adultos aprenden de distinta manera e intervienen factores diferentes en el desarrollo de su aprendizaje.

A partir de 1970 es Malcolm Knowles quien introduce en Estados Unidos el concepto de *Andragogía*, término que se refiere al proceso por el que los adultos obtienen conocimientos y destrezas (Knowles, M., Holton, E., y Swanson, R. 2001).

Si se toma como base que la *Gestión Escolar* se encarga de todos aquellos procesos administrativos que es necesario llevar a cabo para la correcta aplicación de la educación a todos los niveles, y se considera a las instituciones de enseñanza como organizaciones que se dedican a producir personas con un cierto grado de conocimientos, habilidades, destrezas y actitudes, uno de los elementos a considerar es el desarrollo de recursos humanos (DRH) con planes de capacitación que permitan elevar el nivel de desempeño de sus trabajadores.

Como ya se indicó, para efectos de este trabajo y para el diseño de esta estrategia didáctica de capacitación del instructor de cursos culturales de la Facultad de Artes de la UABC, se tomó en cuenta la teoría del aprendizaje en adultos llamada Andragogía, que maneja seis principios fundamentales del aprendizaje de los adultos : 1) la necesidad de saber del alumno; 2) el concepto personal del alumno (autónomo y autodirigido); 3) la experiencia del alumno (sus recursos y modelos mentales); 4) su disposición para aprender (relacionada con la vida y sus tareas de desarrollo); 5) su inclinación al aprendizaje (centrado en problemas y contextual); y 6) su motivación para aprender (el valor intrínseco y beneficio personal). (Knowles, M., Holton, E., y Swanson, R., 2001). Además, esta teoría es flexible y de aplicación dinámica.

Desde la Andragogía, la capacitación es un componente del DRH y se refiere a los esfuerzos deliberados por ayudar a los alumnos a adquirir destrezas donde tienen más problemas. Esta capacitación debe incluir talleres, enseñanzas, autoestudio y práctica.

En este sentido, la intención de esta investigación fue el diseño de un taller de capacitación en donde los instructores tengan la posibilidad de participar en la adaptación de los documentos que se contemplarán para su elaboración según su disciplina artística.

Alfonso Siliceo divide la capacitación en dos categorías: la capacitación para *hacer* y la capacitación para *llegar a ser*. En la primera, que es la más común, se busca el adiestramiento, el desarrollo de las aptitudes y habilidades para poder actuar sobre las cosas y cuyo objetivo es la transformación de la materia. Sus condiciones son lo observable, lo cuantificable, lo dominable. Esta capacitación es la más útil y de resultados más inmediatos (Siliceo, 2004).

La segunda categoría, la capacitación para *llegar a ser*, se proyecta hacia el desarrollo del hombre, es decir, hacia el perfeccionamiento de su personalidad.

Por lo general este tipo de capacitación es ignorada, no obstante que es esencial para la vida de la empresa y descansa en motivos principalmente éticos, al abarcar la conciencia de la responsabilidad personal en el trabajo y la autovaloración, principalmente.

El objetivo principal de la capacitación es proporcionar conocimientos técnicos en los aspectos del trabajo. Las organizaciones en general deben dar las bases para que sus colaboradores tengan la preparación necesaria y especializada que les permitan enfrentarse en las mejores condiciones a su tarea diaria (Siliceo, 2004); en este sentido, se considera que no existe mejor medio para alcanzar altos niveles de motivación, integración, compromiso y solidaridad en el personal de una organización que capacitar a sus empleados.

RESULTADOS Y APORTACIONES

El haber realizado esta investigación dejó una serie de experiencias y conocimientos de las necesidades de capacitación en gestión académica que los instructores en el área de cursos culturales de la Facultad de Artes Mexicali requieren, así como de sus intereses.

Una vez obtenidos los resultados, se procedió al análisis de los datos obtenidos pudiendo concluir que:

Existe la necesidad de capacitar a los instructores de cursos culturales de la Facultad de Artes Mexicali en el campo de la gestión académica, específicamente en las áreas artísticas y de gestión.

Esta capacitación debe hacerse desde la teoría del aprendizaje de adultos conocida como Andragogía, cuyos principios descritos recomiendan básicamente tomar en cuenta los intereses del alumno, sus experiencias, el contexto en el que se desenvuelve y su motivación para aprender.

Se puede concluir que el perfil actual del instructor de cursos culturales de la Escuela de Artes de la UABC campus Mexicali es el siguiente:

1) Es un profesor de entre 30 y 50 años con una preparación académica de nivel licenciatura en su mayoría.
2) Por su tipo de contratación en la UABC, es técnico académico contratado por asignatura, por lo general labora en el sistema educativo a nivel básico y un pequeño porcentaje en medio superior y escuelas particulares.
3) Por las exigencias de formación y práctica artística (sin horarios fijos), el instructor de cursos culturales no cuenta con tiempo disponible para realizar estudios en el área de gestión académica, específicamente el Programa de Formación y Desarrollo Docente, lo que hace conveniente la planeación de su capacitación en estas áreas por parte de la Facultad de Artes en los tiempos en que termina el ciclo lectivo de cursos culturales, pero aún le restan 15 días para finalizar su contrato.
4) El instructor de cursos culturales tiene interés en capacitarse, pero no tiene opciones a nivel local ni en la UABC para

llevar a cabo estudios que le permitan un mejor desarrollo de sus funciones académicas.

Partiendo del hecho de que existen diferencias entre disciplinas artísticas y edades, pues los instructores de más edad y mayor experiencia aportarían sus conocimientos a los más jóvenes –lo que también menciona la Andragogía como una ventaja–, para la presente investigación se seleccionó de entre las estrategias de enseñanza la de «trabajo colaborativo», ya que la población de estudio pertenece a diferentes disciplinas dentro del arte y se considera que son los instructores de cursos culturales los que pueden definir y adaptar, según su disciplina, los documentos que se elaborarán en el área artística, académica y de gestión, en un formato de taller y con grupos o academias según sus conocimientos y necesidades.

La aplicación del trabajo colaborativo para el diseño de esta estrategia didáctica se propone desde un enfoque que toma en cuenta las características de la educación para adultos. Algunos autores han postulado la diferencia en la educación para niños y la educación para adultos haciendo hincapié en que no se pueden diseñar estrategias didácticas iguales para ambos, ya que los adultos aprenden de distinta manera e intervienen factores diferentes en el desarrollo de su aprendizaje.

En este sentido, se recomienda el trabajo colaborativo ya que como Díaz-Barriga y Hernández (2002, p. 108) proponen, en este tipo de estrategia las metas de los alumnos son compartidas y trabajan para maximizar su aprendizaje trabajando hasta que todos los miembros han entendido la actividad. Por otra parte, se adquieren valores y habilidades sociales; es decir, se fomenta la ayuda mutua, la tolerancia, la disposición al diálogo y la empatía y el intercambio de puntos de vista, lo que resulta adecuado ya que los instructores son de diferentes edades y nivel de estudios.

Considerando que este tipo de estrategia favorece el rendimiento académico, podemos concluir que es la mejor estrategia si la capacitación se programa en periodos cortos, como lo son de diez a quince días.

Al conformarse los grupos de trabajo por disciplinas, se ha considerado que esta estrategia apoyará la colaboración entre iguales y el manejo de controversias, a la vez que apoyará la solución de problemas y fomentará la pertenencia al grupo, como Díaz-Barriga y Hernández (2002) proponen.

Finalmente, se propone esta estrategia porque permite que los estudiantes pasen al plano de la reflexión metacognitiva sobre sus procesos y productos de trabajo (Diaz-Barriga y Hernández, 2002), pues como se mencionó anteriormente en este trabajo, son los instructores de cursos culturales los que tienen la experiencia, adquirida a través de muchos años trabajando en la enseñanza de su disciplina, los que pueden saber qué es lo que necesitan plasmar en estos documentos para homogenizar la práctica docente representada en los documentos académicos, artísticos y de gestión.

Por todo esto es que se propone la realización de un plan de capacitación a mediano plazo cuyas líneas estratégicas se sustenten en los postulados de la Andragogía y el trabajo colaborativo como se muestra en el cuadro 4, con base en las necesidades aquí presentadas (anexo 2) y tomando en cuenta los intereses de los instructores, su disponibilidad de tiempo y los requerimientos de la misma Facultad de Artes.

Esta capacitación (anexo 3) se propone, a fin de proporcionar a los participantes las herramientas necesarias para participar más activamente en la gestión académica en la Facultad de Artes, tomando en cuenta a instructores que no se habían incluido en otros programas de capacitación en la Universidad Autónoma de Baja California.

Por último, al llevar a cabo la capacitación pedagógica y de gestión académica del área de cursos culturales, que ya se demostró que es necesaria, se estará realizando un primer paso para permitir la integración del instructor de cursos culturales como pieza importante dentro de la gestión académica de un área cultural dentro de la misma UABC.

Todo esto es importante para la institución y la sociedad: para la institución, al dar congruencia a su papel de líder en el ámbito educativo, al poner en práctica opciones pedagógicas con sus propios integrantes, quienes al constituirse en sujetos de su propio aprendizaje, podrán a su vez impactar en el mejoramiento de la calidad de los servicios que se ofrecen a la sociedad en el área de cursos culturales, contribuyendo así a acercarse al cumplimiento de los ideales de calidad y excelencia que como institución educativa universitaria se ha fijado la Universidad Autónoma de Baja California.

Cuadro 4. Líneas de acción y estrategias para capacitar a los instructores de cursos culturales de la Facultad de Artes.

Objetivo: Ofrecer una capacitación a los instructores de cursos culturales que permita el desarrollo de competencias y la adquisición de conocimientos a través del trabajo colaborativo y la práctica docente para fortalecer el desempeño académico y la gestión.	
Estimular en el instructor de cursos culturales la participación en los procesos de gestión académica a través de las siguientes acciones:	
Líneas de acción	Estrategias
• Promover la cultura de la capacitación en los	• Calendarizar espacios y recursos para

instructores de cursos culturales en las áreas de interés de estos.	la programación de los cursos de capacitación.
• Apoyar al instructor de cursos facilitándole herramientas didácticas y de gestión académica que mejoren y complementen su trabajo en el área de cursos culturales.	• Entregar a cada instructor dentro del curso de capacitación, un compendio de lecturas y ejemplos para introducirse en el lenguaje técnico artístico, académico y de gestión que apoyen el llenado de formatos.
• Facilitar el intercambio de experiencias académicas y artísticas entre la población de instructores.	• Conformar los equipos de trabajo en grupos por disciplina artística.
• Impulsar la cooperación entre instructores para definir los instrumentos más apropiados para cada disciplina artística.	• Organizar los equipos y las funciones de cada participante de acuerdo con las capacidades y experiencias de cada instructor.
• Alentar a los instructores a elevar la calidad artística de las prácticas escénicas.	• Gestionar el apoyo presupuestal y tecnológico frente a la administración de la Facultad de Artes.
• Contribuir en la formación del instructor	• Diseñar un programa de capacitación de

de cursos culturales ofreciéndole herramientas que puedan utilizar en su práctica artística interna y externa.	acuerdo con los tiempos disponibles de los instructores.

VIDEOJUEGOS EN LINEA:
MÁS ALLA DE LA CONCEPCION DE "VICIO" Y COMO UNA PROPUESTA PARA LA ENSEÑANZA Y EL DESARROLLO DE VALORES Y PRINCIPIOS ETICOS EN EL ESTUDIANTE UNIVERSITARIO.
El caso de la Licenciatura en Medios Audiovisuales

Simposio Internacional de Educación y Pedagogía, Ciencia, TIC's e Innovación Educativa. FPIE/CAIE/UABC. Red de Redes UABC/REDIPE/RIPAL/RIPEME. 7 – 9 de octubre de 2015.

(…) El juego no solo es aprendizaje de tal o cual técnica, de tal o cual aptitud, de tal o cual saber-hacer. El juego es un aprendizaje de la naturaleza   misma de la vida que está en juego con el azar, con el alea[3].

-. **Edgar Morín.** - Filosofo, sociólogo y político francés de origen judeoespañol, autor de la teoría Los cuatro Pilares de la Educación.

RESUMEN

Este trabajo presenta la utilidad del uso de los videojuegos en línea como una herramienta de apoyo en la enseñanza y desarrollo de valores y principios éticos en los estudiantes universitarios, en este caso aplicado a los alumnos del Programa Educativo (PE) de Medios Audiovisuales de la Facultad de Artes de la Universidad Autónoma de Baja California (UABC).

Dado que al egresar del PE los alumnos obtienen las competencias necesarias para desempeñarse profesionalmente en el campo del cine de animación o mejor conocido como *películas animadas,* el PE contempla materias optativas como la de Desarrollo de videojuegos con la que el alumno obtiene los conocimientos necesarios para incursionar profesionalmente en el campo de los videojuegos. Todo esto nos permitió detectar que tenemos un porcentaje de alumnos que gustan de los videojuegos y que conocen y participan en ellos, lo que generó en determinado momento la posibilidad de utilizar esta actividad lúdica como herramienta de enseñanza en la población estudiantil para apoyar los contenidos de temas como los valores morales y principios éticos.

Una vertiente por consecuencia natural en el campo de los videojuegos han sido los videojuegos en línea, que, como efecto del crecimiento exponencial del uso de la web y el surgimiento de las redes sociales, se ha convertido en los últimos años en una actividad que forma parte de la vida cotidiana de los usuarios de algunas de las redes sociales, en este caso, los estudiantes universitarios.

La empresa creadora del videojuego que como ejemplo se utilizó en este trabajo es Plarium y el videojuego en línea es Stormfall: rise of Balur.

PALABRAS CLAVE.

Videojuegos en línea, valores, desarrollo de habilidades, herramientas de aprendizaje.

INTRODUCCION.

El presente trabajo muestra una prueba piloto para la realización de una investigación cuyo objetivo principal es la utilización de los videojuegos en línea como una herramienta de apoyo en la enseñanza de conceptos como valores y principios éticos en los estudiantes universitarios.

Al ser los videojuegos en línea una actividad común entre la población de la Facultad de Artes (FA), y estos a su vez se realizan en un escenario virtual con jugadores y situaciones en tiempo real, representan el ejercicio de toma de decisiones y comportamientos reales, ofrecen al estudiante la oportunidad de conocer de forma práctica los alcances que en determinado momento puede tener su propio comportamiento y la toma de decisiones que en muchas ocasiones representa para los más activos en el juego la oportunidad de hacerse consientes del alcance de sus actos que en un futuro pueden afectar su propia vida.

Como docente de la unidad de aprendizaje de Ética, he observado la necesidad de utilizar otro tipo de ejercicios o herramientas de uso más común para los jóvenes y que puedan apoyar los conceptos o teorías que se revisan en clase en el campo de los valores y principios éticos, pues considero que una de las causas principales del rechazo al estudio en alumnos recién egresados de nivel medio superior es lo confuso que resultan para ellos el abordar teorías de filósofos que si bien aportaron ideas básicas muy importantes en cuanto al comportamiento de los seres humanos, hoy en día se tornan difíciles de aplicar para los jóvenes. Cabe mencionar, que en ningún momento se pretende eliminar contenidos de la UA, sino solo ofrecerle al estudiante un *simulador virtual* y utilizar este como herramienta de apoyo en la enseñanza práctica de los conceptos éticos que la unidad de aprendizaje abarca.

DESARROLLO

Revuelta, (2012), citado por Guerra y Revuelta en 2015, indica que:

… que el videojuego es un software multimedia que se ejecuta en una amplia variedad de hardware, por ejemplo: ordenadores y consolas. Se crea fundamentalmente con el propósito de entretener, de ser una forma más de ocio, pero también es posible obtener aprendizajes a través de su uso didáctico, es decir, en base a unos objetivos educativos podemos tomar el videojuego como herramienta mediadora por la consecución de los mismos.

Partiendo de esta idea, se busca un primer acercamiento a la posibilidad de la utilización de software (el juego) para implementar un videojuego en línea como herramienta de apoyo en la enseñanza de valores; y con la oportunidad que da la situación de que la mayoría de los estudiantes de la facultad de Artes utilizan los dispositivos móviles conocidos como Smartphone (hardware) con las aplicaciones (apps) especiales para llevar un registro de sus clases.

Esta prueba piloto se llevó a cabo en cinco estudiantes del Programa Educativo (PE) de Medios Audiovisuales de la facultad de Artes de la Universidad Autónoma de Baja California, a quienes se les proporcionó la información para acceder al juego en línea conocido como Stormfall: rise of Balur.

Como requisito indispensable se les indicó que permanecieran en el juego por un tiempo mínimo de treinta días y alcanzaran el nivel 50 dentro del juego, ya que a partir del nivel 10 es cuando necesariamente deben unirse a una liga para poder seguir avanzando y con esto poner en práctica los temas antes mencionados en el campo de los valores y principios éticos.

Para comprender un poco más la intención de utilizar este juego como herramienta de apoyo en la impartición de la UA de

Ética, presento una breve descripción de la temática del juego, así como las situaciones que se abordarán y que se aplican al campo de la Ética, el alumno estaría viviendo en un escenario virtual o simulador digital, ya que se juega con personas reales en situaciones reales a través de un dispositivo electrónico o Smartphone y conectados por la web.

EL VIDEOJUEGO.

La empresa creadora del videojuego que como ejem-

plo usamos en este trabajo es Plarium

que es el hogar de los mejores talentos en la industria de los juegos sociales y quienes emplean a miles de jóvenes dedicados profesionalmente al desarrollo de estos videojuegos en estudios en Israel y Ucrania. Su objetivo es hacer juegos que conecten, inspiren y entretengan a jugadores alrededor del mundo. (Plarium, 2010-2015). Esta empresa tiene 200 millones de usuarios divididos en 19 juegos.

Stormfall: Rise of Balur tiene 1 millón de usuarios, se juega en 7 idiomas; inglés, francés, español, italiano, alemán, portugués y ruso. Es el primer juego de esta compañía con los mejores gráficos para dispositivos móviles que son similares a los de sus juegos para pc, lo que hace atractivo el juego y accesible para los jóvenes.

Argumento o historia:

Darkshine es el reino que ha caído a causa de las fuerzas oscuras de Balur y que ha dividido todos los reinos, por lo que permanece en la oscuridad y es el jugador el que decide si reunir de nuevo a todos los reinos y con ello pelear contra las fuerzas oscuras de Balur. Para esto es necesario formar ligas y alianzas con los otros jugadores o castillos y pelear por territorios representados por Almenaras que son castillos descomunales que producen luz y sustancia *oscura* con la que se tornan imperceptibles las tropas de los ejércitos para los ataques.

Las Almenaras se deben defender de ataques de otros jugadores y del personaje llamado Balur, además de mantener con recursos y subir de nivel para así ganar más territorio y por consiguiente más poder. Todo este trabajo necesariamente requiere de coordinación, compromiso con la liga y mucho trabajo en equipo.

Estas Almenaras son imposibles de capturar por un solo jugador, por lo que obliga a los jugadores a formar ligas, y con ellas se establecen alianzas entre ligas para la captura de Almenaras y apoyos contra ataques. Lo que estimula la práctica de valores como la solidaridad, compañerismo, lealtad.

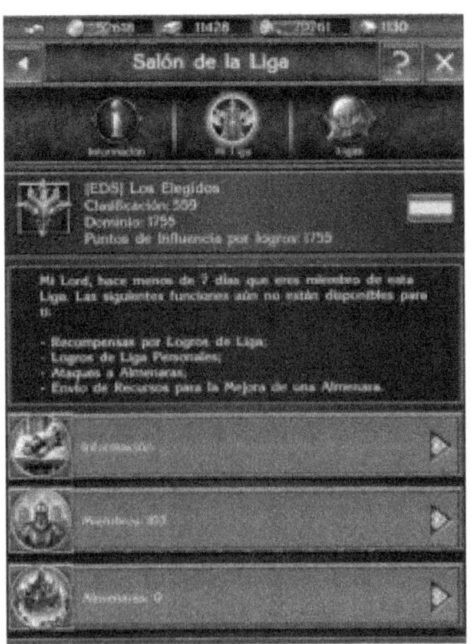

Cada liga puede reunir un límite de 125 jugadores. Las alianzas de ligas no tienen límite. Es en este momento del juego en el que el jugador (en este caso el estudiante universitario) tiene la oportunidad de poner en práctica los valores y principios de los que se ha hablado, pues los jugadores son personas de distintos países y las diferencias radican desde la forma de pensar y sus expresiones lingüísticas, hasta sus edades, profesiones, normas morales y códigos éticos, situación que en determinado momento puede representar la vida cotidiana de los estudiantes de cualquier universidad.

Las normas o códigos de conducta dentro del juego las establecen los jugadores dentro de cada liga, su estructura es libre en cuanto a qué normas se deben seguir, por ejemplo; en la mayoría de las ligas hispanas no se ataca a otros hispanos y está restringida la acción de organizarse entre varios jugadores para atacar a algún enemigo que pertenezca a ligas más poderosas como las rusas, alemanas o anglo-americanas que son las que más tiempo tienen en el juego y se encuentran en el Top 100, la consecuencia sería el desencadenar una guerra que afectaría a toda la liga y en algunos casos a ligas aliadas. Estas guerras son ataques continuos en donde no se permite seguir creciendo en nivel ni seguir entrenando tropas, lo que afecta el crecimiento de la liga.

Para esta prueba piloto, se les pidió a los alumnos que ingresaran a la liga Los Elegidos (EDS). Esta liga cuenta con 104 jugadores y al ser creada hace 5 meses estaba en el lugar 1800 aproximadamente y tenía 10 jugadores, actualmente está en el lugar 562 con jugadores de: Argentina, Uruguay, Colombia, Costa Rica, Paraguay, Chile, Puerto Rico, Guatemala, Panamá, EUA (solo hispanoparlantes), España, Perú y México.

Esto también permite el reconocimiento de otras culturas, tradiciones y costumbres que enriquecen el acervo cultural de los estudiantes universitarios, pues el juego cuenta con un *chat* en el que se da la comunicación entre todos los jugadores tanto para la socialización como para la emisión de estrategias de acción de la liga.

En cuanto a organización y estructura dentro de cada liga, el juego marca una línea de rangos que se van otorgando según la actividad de cada jugador y cada rango tiene implícito una serie de responsabilidades y actividades que cumplir, estas las define libremente cada liga, estos rangos son: Mariscal (como máxima autoridad y con privilegios que el mismo juego le confiere); Capitán (solo el mariscal puede asignar este rango); Comandante; Luchador; Embajador; Caballero; Ranger; Guardián; Soldado; Recluta y Neófito. Al neófito no se le considera integrante de la liga, no tiene ciertos privilegios en la obtención de premios recibidos en las misiones de liga y si no entra al juego en un plazo de tres días, el juego lo saca de la liga automáticamente.

Toda esta temática que nos presenta el juego, con situaciones que abordan lo bueno y lo malo en una historia, pero además, obligan al jugador a la toma de decisiones y a realizar acciones que caen en el campo de los principios éticos de cualquier profesión y que la UA de Ética contempla se ponen en práctica al participar en este escenario virtual. Principios como; Autonomía, Respeto a las personas; Responsabilidad, Precaución, No Maleficencia, Beneficencia y Justicia, son abordados en el juego.

LA PRUEBA PILOTO

En este trabajo se tomó como referencia la estructura utilizada en la aplicación de pruebas piloto para los cuestionarios que se utilizan como instrumentos para recolección de datos en el campo de la Metodología de la Investigación, esto con la intención de calcular la confiabilidad inicial y validez del instrumento toda vez que nos permitió medir cualitativamente la reacción de los estudiantes de la unidad de aprendizaje (UA) de Ética en la utilización de un videojuego en línea como herramienta de aprendizaje y práctica de valores y principios analizados en el salón de clase, a la vez de tener un primer acercamiento hacia el sujeto de estudio.

Se les proporcionó la información necesaria a 5 estudiantes de la UA para que instalaran el juego en sus dispositivos móviles e ingresaran a éste. Los únicos requisitos para su participación fueron el permanecer activos en el juego por 1 mes y unirse a una liga de habla hispana cuando el juego así se los indicara. No se proporcionó información alguna con respecto a la dinámica del juego, sin embargo, si se llevó a cabo un monitoreo desde dentro del juego.

Posterior al tiempo solicitado se aplicó un cuestionario de evaluación para la medición cualitativa de su experiencia durante este periodo lo que arrojó los siguientes datos:

	Preguntas	n	Respuesta
1	¿Qué tan real sientes que haya sido este juego en tu vida?	5	2 alumnos respondieron que mucho 3 alumnos respondieron que poco
2	¿Cuántas horas de tu tiempo diario consumiste en jugar?	5	3 personas de 1 a 2 horas diarias 2 alumnos de 3 a 5 horas diarias
3	¿En algún momento te generó cambios emocionales en ti?	5	4 alumnos respondieron si 1 alumno respondió no
4	¿El hecho de poder conocer gente de otros países y poder conversar con ellos en el chat del juego te aportó algo?	5	1 alumno respondió – hice buenos amigos 3 alumnos respondieron - me enseño otras formas de pensar y actuar 1 alumno contestó -no sentí nada
5	¿Al integrarte a una liga, sientes que fue beneficioso para avanzar en el juego?	5	4 alumnos respondieron que si 1 respondió que no
6	¿Sientes que se respetó la cadena de mando en la liga?	5	3 alumnos respondieron que si 1 respondió que no 1 no respondió
7	¿Qué valores sientes que hayas puesto en práctica al jugar este juego?	5	Valores 4-respeto 2-solidaridad 3-justicia 5-perseverancia 3-compañerismo 2-amistad 4-paciencia 3-tolerancia 4-constancia 4-compromiso 3-lealtad 2-responsabilidad

			1-union

CONCLUSIONES Y OBSERVACIONES

Una vez que el estudiante de la UA de Ética fue informado del objetivo de participar en el juego como parte de sus responsabilidades de estudio dentro de la materia, se observó que hubo una respuesta favorable hacia el estudio de la unidad de aprendizaje.

De una cantidad de 25 estudiantes que integran el grupo de la UA de Ética, solo 5 decidieron participar de esta prueba piloto, lo que nos hace suponer que efectivamente esta solo sería una herramienta de apoyo para los que deseen hacerlo.

De acuerdo con los resultados obtenidos en el cuestionario aplicado, no podemos dejar de contemplar en el estudio formal, el registro de variaciones emocionales en los estudiantes.

Dos de los 5 estudiantes que participaron en esta prueba piloto, son alumnos con necesidades diferentes, los cuales fueron los que más participaron y más interés mostraron.

REFERENCIAS

Antequera, J., Revuelta F. (2015). Videojuegos precursores de emociones positivas: propuesta metodológica con Minecraft en el aula hospitalaria. Revista Internacional de investigación e innovación Educativa. Número 3. Año II. (junio 2015)

Plarium, (2010-2015). About us. Recuperado el 26 de agosto de 2015, de **http://company.plarium.com/about/**

Revuelta Domínguez, F. I. (2012). *Socialización virtual a través de los videojuegos*

Etnografía virtual sobre el uso de juegos on-line y videojuegos. Berlín: Editorial
Académica Española.

Imágenes: Impresiones de pantalla del juego original de Plarium para Android.

GAMIFICACIÓN

EL SUSTENTO FILOSÓFICO Y PEDAGÓGICO EN UN PROYECTO DE VIDEOJUEGO PARA PROMOVER LA ÉTICA Y LOS VALORES. "Alteridad" nuevo mundo...nuevo orden.

Revista Digital SocietArts, Facultad de Artes de la UABC. Octubre de 2017.

Mtro. Alejandra Ramos Villavicencio; Mtra. Rosa Herlinda Beltrán Pedrín; Mtro. Luis Felipe López López; Mtro. Jesús Humberto Orozco Orozco.

Resumen:

"ALTERIDAD" nuevo mundo...nuevo orden. Es un Proyecto de Investigación sobre el uso de Videojuegos en línea como herramienta de enseñanza-aprendizaje de Ética y Valores. El Videojuego se convierte en *Simulador Virtual* de situaciones que tienen que ver con las decisiones que tomamos en el día a día. Tomando como base el Programa de Unidad de Aprendizaje (PUA) de Ética de la licenciatura en Medios Audiovisuales de la Facultad de Artes de la UABC, se diseñaron acciones y actividades que representan temas y conceptos vistos de manera teórica en clase y el alumno los aplicará en el videojuego. En este apartado se abordan los temas de: sustento filosófico y pedagógico; estrategia didáctica; formación en valores y Gamificación.

Palabras Clave: a) Arte conceptual, b) Estrategias Didácticas, c) Formación en Valores, d) Gamificación, e) TransMedia.

Abstract:

ALTERIDAD New World ... New Order. It is a Research Project

on the use of Online Video Games as teaching-learning tools of Ethics and Values. The Videogame becomes Virtual Simulator of situations that have to do with the decisions that we take in the day to day. Based on the Learning Unit Program (PUA) of Ethics in the degree in Audiovisual Media of the Faculty of Arts of the UABC, actions and activities were designed that represent topics and concepts viewed theoretically in class and the student will apply them In the video game. This section addresses the topics of: philosophical and pedagogical support; Didactic strategy; Training in values and Gamification.

Key words: a) Conceptual art, b) Didactic Strategies, c) Formation in Values, d) Gamification, e) TransMedia.

Problemática y Justificación:

Es evidente, que uno de los retos a los que el docente se enfrenta en el salón de clase es la utilización de herramientas de enseñanza que permitan el aprendizaje significativo de los contenidos del PUA pero que a la vez resulten atractivos o interesantes a sus estudiantes. Con el advenimiento de la era tecnológica se abre un panorama de posibilidades en la aplicación de nuevas tecnologías para la educación y la información, lo que se reconoce más comúnmente como Tics. En este campo el término *Gamification* (por su denominación en inglés) es un área de innovación educativa en la que..." se trabaja en la aplicación de principios y elementos propios del juego en un ambiente de aprendizaje con el propósito de influir en el comportamiento, incrementar la motivación y favorecer la participación de los estudiantes, (Edutrents, 2016)".

Ahora bien, si puede ser difícil encontrar herramientas de enseñanza basadas en Tics en los diferentes niveles educativos, puede ser un poco más complicado encontrar herramientas de enseñanza/aprendizaje especializadas para una unidad de aprendizaje teórica a nivel licenciatura y para una carrera en específico. Es por esto que se diseña Alteridad.

En otro sentido, Alteridad ofrece la oportunidad a estudiantes y docentes de trabajar en concreto en un proyecto específico de una de las áreas de conocimiento del plan de estudios de la licenciatura en Medios Audiovisuales, esta es el área de Diseño Digital que incluye unidades de aprendizaje como Animación y Desarrollo de Videojuegos, además de otras inherentes a la producción cinematográfica necesarias para el diseño y desarrollo de un videojuego.

Sustento Filosófico y Pedagógico.

En el campo de la Pedagogía existen teóricos que apoyan y han desarrollado teorías de enseñanza que manejan el hecho de que la educación debe contemplar una formación para la vida. Delors (1994) propone como dos de los pilares básicos de la educación: aprender a ser y aprender a convivir. El primero de ellos está orientado a la conservación de lo humano, la autonomía y la capacidad de juicio mientras que **el aprender a vivir juntos se asocia a la convivencia, al reconocimiento de los otros, a la cooperación para la realización de proyectos comunes y a la comprensión mutua.**

El sustento filosófico del proyecto Alteridad tiene su núcleo en la Filosofía de la Alteridad, de la que parte toda la idea no solo del videojuego sino también del proyecto en su totalidad, tal vez el mayor exponente lo encontramos en Emmanuel Lévinas, quien básicamente expone en sus ideas que.. "en la pedagogía de la alteridad la *acogida del otro* significa sentirse *reconocido*, valorado, aceptado y querido *por lo que uno es y en todo lo que es*. Significa confianza, acompañamiento, guía y dirección, pero también aceptar ser enseñado por "el otro" (educando) que irrumpe en nuestra vida (educador). (Lévinas citado por Ortega, 1987).

Emmanuel Lévinas nace en 1905 y muere en 1995, lo que le permitió vivir periodos muy importantes de nuestra historia; la I y II Guerras Mundiales y la Revolución Bolchevique. Creció en el seno de una familia judía y burguesa y fue influenciado en un primer periodo por filósofos alemanes reconocidos como Husserl y Heidegger quienes defendían la idea de que la Filosofía, amor a la sabiduría, el *"pienso y luego existo"*, la ontología base del pensamiento de esa corriente, debía ser suplida por la Ética y concebir a ésta como la Filosofía primera (Humanas, 2017), Lévinas acuna estas ideas en un segundo periodo de su pensamiento filosófico a raíz de las atrocidades vividas en la II Guerra Mundial. En este sentido Lévinas propone suplir el pensamiento que occidente basaba en el estudio del ser (la esencia) ignorando al ente (el sujeto), y surgir del ego cartesiano, ver más allá del nosotros mismos aceptando que a mi lado se encuentra el Otro , gracias al cual soy yo quien soy. (Humanas, 2017)[4]

El concepto filosófico de la Alteridad propuesto por Lévinas ha generado a través del tiempo una línea de investigación y aplicación de estas ideas en otras disciplinas y se hacen presentes en lo que hoy conocemos como Pedagogía de la Alteridad. En este campo hay un intenso trabajo realizado por pedagogos de instituciones cuyo iniciador y mayor exponente es el Doctor Pedro Ortega Ruiz quien desde hace veinte años trabaja el área de Educación Moral con el grupo de investigación "Educación y Valores" de la Universidad de Murcia.

Julio César Arboleda, director de la Red Iberoamericana de Pedagogía y profesor USC en su prólogo al tomo I de la colección Pedagogía de la Alteridad (Redipe, 2014), menciona:

..." la persona se afirma en tanto el sujeto se ata al otro, acogiéndolo incondicionalmente en su singularidad. El docente genuino, en consecuencia, hace de su acto formador un laboratorio de vivencia de acogimiento del otro en su especificidad, de reconocimiento y respeto por sus intereses, creencias, motivaciones, cultura, historicidad, carencias, situación de indefensión y contingencia, inquietudes, ritmos y estilos de aprendizajes, entregándose a cada uno, los cuales advierte como otros asimétricos incompletos, que demandan de él, agente de las instituciones sociales, entrega responsable, respuesta incondicional a sus preguntas, no con la finalidad de completarlos como si fuesen cada uno un recipiente pasivo, sino con el propósito último de anidarlos en sí mismo como otros que lo configuran y descentran de cualquier posibilidad yólica, acto en virtud del cual él mismo se afirma como educador y como persona, como partícipe ético-político de la construcción de escenarios favorables a la vida y los procesos de humanización. De afirmación de la alteridad en toda su radicalidad…" (Pedro Ortega Ruiz, 2014).

Estrategias Didácticas.

El término estrategia es de origen griego. Etimológicamente *estrategeia* denomina al *strategos* como sujeto y al arte del general en la guerra, procede de la fusión de dos palabras: *stratos* (ejército) y *agein* (conducir, guiar). El término se refiere a los procedimientos usados en la guerra.

Labarrere (1988), citado por la Dra. Vilma Mestre (s/f) menciona que, en el ámbito relacionado con la capacidad para el desempeño, resultante de la adquisición de conocimientos, "Las estrategias son instrumentos de la actividad cognoscitiva que permiten al sujeto determinada forma de actuar sobre el mundo, de transformar objetos y situaciones" (Mestre, s/f).

En este sentido, se puede afirmar que una estrategia es el camino por seguir para llegar a un fin específico, utilizando un procedimiento especial, controlado y en el cual se siguen ciertos pasos secuenciados de manera lógica y congruente que permiten la obtención de resultados establecidos o deseados y que se conocen como metas.

Dentro de las estrategias didácticas se encuentran las de aprendizaje y las de enseñanza. En las últimas, las estrategias de enseñanza, en la cual desde el punto de vista de Mestre (s/f) pueden deducirse características aplicables, como: la configuración de acuerdo con el paradigma seleccionado, constituyen una guía para acciones deliberadamente planificadas; su aplicación no es automática, sino controlada y su ejecución permitirá el alcance de los objetivos propuestos; requieren de evaluación; están relacionadas con la metacognición o conocimiento sobre los propios procesos mentales; implican un uso selectivo de los propios recursos y capacidades disponibles; están constituidas de otros elementos más simples, que son las técnicas o tácticas de aprendizaje y las destrezas o habilidades. De hecho, el uso eficaz de una estrategia depende en buena medida de las técnicas que la componen. Diríase que le son imprescindibles los objetivos bien trazados, las acciones bien planificadas, y la posibilidad de que el sujeto asuma una determinada forma de actuar, de transformar objetos y situaciones. (Mestre, s/f)

En Alteridad se aplicará una estrategia de enseñanza basada en el *trabajo colaborativo* ya que la población de estudio (los alumnos) por naturaleza son de diferentes edades, con diferente formación moral de familia, en ocasiones de distintas ciudades y escuelas de procedencia de nivel bachiller, lo que nos permite asumir que por lógica tienen distinta formación en valores.

Desde la perspectiva de Nuria Rajadell Puiggros (2008), la enseñanza en grupo es una estrategia formativa basada en la participación, en el trabajo al que se somete el propio colectivo, y fundamentalmente, en la comunicación, sin tener en cuenta la diferencia de niveles de madurez entre las personas que lo integran.

El proyecto "Alteridad" incursiona en el campo del diseño y aplicación de lo que se conoce como "herramientas didácticas".

Revuelta, (2012), citado por Guerra y Revuelta en 2015, indica que:

> … "que el videojuego es un software multimedia que se ejecuta en una amplia variedad de hardware, por ejemplo: ordenadores y consolas. Se crea fundamentalmente con el propósito de entretener, de ser una forma más de ocio, pero también es posible obtener aprendizajes a través de su uso didáctico, es decir, en base a unos objetivos educativos podemos tomar el videojuego como herramienta mediadora por la consecución de los mismos", (Revuelta, 2012).

Partiendo de esta idea, se diseñó un software (el juego) para implementar un videojuego en línea accesible a hardware (dispositivos como teléfonos celulares y/o tabletas) como herramienta de apoyo en la enseñanza de valores; códigos éticos, dilemas éticos y la práctica de contenidos del PUA.

Alteridad es una herramienta de enseñanza/aprendizaje que pretende convertirse en un *Simulador Virtual* para que el alumno tenga la oportunidad de identificar, resolver y practicar situaciones que lo llevarán a poner en práctica su Ética y Valores. En ningún momento se pretende eliminar o suplir contenidos del Programa de Unidad de Aprendizaje (PUA), sino muy por el contrario, incursiona en el diseño y desarrollo de una herramienta especializada de apoyo en el campo de una materia de tronco común o etapa básica, aplicable a cualquier Programa Educativo Universitario de nivel licenciatura.

Formación en Valores.

En el mes de abril de 2016 el Rector Dr. Juan Manuel Ocegueda Hernández, publica a través de la Gaceta Universitaria, en base a los trabajos de diagnóstico para el Plan de Desarrollo Institucional 2011-2015 en donde los profesores- investigadores consideran conveniente establecer un Código de Ética para el personal universitario. Este código modifica un trabajo previo de

2014. En este documento se menciona que:

…en el plano de la normativa universitaria, encontramos dos referencias explícitas sobre la   importancia de los valores éticos en la formación profesional: los artículos 15 y 185 del *Estatuto General de la Universidad Autónoma de Baja California* de 1983. El primero de estos artículos menciona que las unidades académicas serán las responsables de fomentar los valores fundamentales de la convivencia humana. Por su parte, el artículo 185 señala que la formación universitaria tiene como propósito dar al estudiante, además de una sólida capacitación científica y técnica, una formación ética y cultural que revierta en beneficio de la sociedad.

En el mismo sentido, el Modelo Educativo de la UABC (2006) se sustenta filosófica y pedagógicamente en una formación humanista e integral que pretende la realización del ser humano como persona, ciudadano y profesional. Este principio orientador emana de la misión y visión de esta institución educativa, y se traduce en un alto sentido ético y de responsabilidad social. La formación en valores constituye un atributo medular de este modelo educativo y es considerada como uno de los cinco ejes transversales en la etapa de formación profesional junto con la tutoría académica, la cultura y el deporte, el idioma extranjero y la orientación educativa y psicopedagógica. (UABC, 2016).

El Código Ético de la UABC, contempla valores como: confianza, democracia, honestidad, humildad, justicia, lealtad, libertad, perseverancia, respeto, responsabilidad y solidaridad. Presenta una descripción desde la perspectiva del profesional universitario para su ejercicio y ofrece una serie de criterios orientadores para su puesta en práctica.

Además de este importante paso en el campo de la ética profesional, durante la gestión del Rector Dr. Felipe Cuamea Velázquez, a partir de noviembre de 2014 se instituye y formaliza el Programa Institucional de Valores (PIV) para los tres campus; Mexicali, Ensenada y Tijuana y con este se forma la *"Red Institucional de Valores"* Son los trabajos de estos representantes de la *Red* los que dan por resultado el primer *Código de Ética de la Universidad Autónoma de Baja California*, emitido por acuerdo del rector Dr. Felipe Cuamea Velázquez, y publicado en la *Gaceta Universitaria* número 335, del 11 de diciembre de 2014 de la UABC. Todo este trabajo permite la unificación de esfuerzos y comunicación entre las UA para el trabajo de capacitación de representantes para la implementación de estrategias y actividades encaminadas a la formación valoral en el alumno universitario. (UABC, 2016).

Por lo tanto, si nuestra institución, ya contempla de manera oficial estrategias y acciones, así como una normatividad, son las unidades académicas las que deben realizar esfuerzos para fortalecer todo este trabajo y sumar actividades específicas que apoyen la formación integral del alumno.

El plan de estudios de la licenciatura en Medios Audiovisuales incluye la unidad de aprendizaje de Ética en el segundo semestre formando parte de la etapa básica. Además como parte de los eventos de la coordinación de etapa básica de la facultad, anualmente se programa una *Semana de Salud y ValorArte* dentro de la cual se ofrecen talleres, conferencias, módulos de consulta y monitoreo de condición física, así como exposiciones de campañas para la sensibilización hacia los Valores diseñadas por los alumnos de la unidad de Aprendizaje de Ética, este evento se enfoca cada año en un tema específico que tiene que ver con la salud física, emocional y psicosocial de los alumnos.

El Proyecto "Alteridad" tiene como objetivo principal brindar de manera práctica a los alumnos la oportunidad de aplicar en un videojuego (*Simulador Virtual*) los contenidos vistos en clase de manera teórica para poder conocer cómo la práctica de *Valores y Códigos Éticos* pueden afectar nuestra relación social pero además nuestro desarrollo profesional en un determinado grupo. En el videojuego, el alumno primeramente conocerá a través de una lectura introductoria el contexto que llevó a un escenario postapocalíptico al planeta. Cómo la falta de ética puede acarrear a la destrucción de la forma de vida que actualmente tiene el ser humano. Posteriormente, en el videojuego llevará a cabo acciones que le permitirán hacerse responsable de su sobrevivencia y decidir su comportamiento en un mundo que debe ser creado de nuevo bajo otras formas de actuar (establecerá una nueva *moral individual*); deberá establecer acuerdos (Códigos Éticos) y negociaciones con otros sobrevivientes al escoger una profesión en la que solo él deberá realizar ciertas acciones para beneficio del grupo y la responsabilidad que esto confiere. Pondrá en práctica valores como: solidaridad, responsabilidad, colaboración (trabajo en equipo), respeto, honestidad, constancia, etc. pero también tendrá la oportunidad de experimentar las consecuencias de la no participación y podrá realizar acciones que van en contra de toda moral como el ataque y robo de recursos a otros jugadores para lograr su sobrevivencia (dilemas éticos) y la penalización que esto tendrá.

Gamificación.

El Observatorio de Innovación Educativa del Tecnológico de Monterrey en su revista EduTrends del mes de septiembre de 2016, dedica todo su contenido al tema de la Gamificación.

Por su denominación en inglés *Gamification*, es la aplicación de principios y   elementos propios del juego en un ambiente de aprendizaje con el propósito de influir en el comportamiento, incrementar la motivación y favorecer la participación de los estudiantes. (EduTrends, 2016).

Deterding, 2011 y Kim,2015 citados en la misma revista Edu Trends diferencian el uso de la *Gamificación* del uso de *Juegos Serios* utilizados para la Educación en el sentido de que los primeros incorporan elementos del diseño del juego para aprovecharlos en el contexto educativo, es decir, se toman algunos de sus principios o mecánicas tales como los puntos o incentivos, la narrativa, la retroalimentación inmediata, y el reconocimiento o la libertad de equivocarse para enriquecer la experiencia de aprendizaje. En el uso de Juegos Serios aplicados a la educación, estos son diseñados con un propósito que va más allá del mero entretenimiento. En este campo se clasifican los simuladores pues sitúan al jugador o aprendiz en un contexto muy particular, el juego tiene un propósito y busca el desarrollo de habilidades específicas. (Edu Trends, 2016).

Se puede considerar que un 50% del videojuego de "Alteridad, nuevo mundo…nuevo orden" está diseñado bajo el concepto de *Gamificación* y el otro 50% es un *Juego Serio,* en el sentido de que es una herramienta de enseñanza-aprendizaje. Todos los videojuegos tienen la capacidad de arrojar estadísticas que marcan el avance del jugador en sus actividades, de igual manera se presentan avisos o advertencias a ciertas acciones, con estos elementos el jugador/alumno podrá darse cuenta de si está aplicando correctamente los contenidos del programa de unidad de aprendizaje y el docente, en su calidad de administrador del juego, podrá determinar el avance de aprendizaje de sus alumnos monitoreándolos como un jugador más con acceso a estas estadísticas. En otro sentido, la nominación de Juego Serio radica en el hecho de que Alteridad está diseñado en un contexto específico, con un escenario provocado por una falta de Ética de los personajes de la historia del videojuego y es un Simulador Virtual para la práctica de conceptos discutidos en el salón de clase.

Por todo lo antes expuesto en este trabajo, consideramos que el Proyecto "Alteridad; nuevo mundo...nuevo orden", nos permite incursionar en el campo de la Innovación Educativa cuya tendencia en los últimos cinco años ha sido altamente trabajada en todos los niveles de educación no solo en nuestro país sino a nivel internacional dadas las demandas que la población estudiantil está solicitando. Además, el proyecto permitirá a los alumnos y docentes del Programa Educativo de Medios Audiovisuales de la Facultad de Artes consolidar los aprendizajes del área de Conocimiento de Diseño Digital, la unidad de aprendizaje de Ética de Etapa Básica y en general, el desarrollo creativo de todos los involucrados en el proyecto, actividad preponderante en las licenciaturas relacionadas con el Arte.

Referencias:

Humanas, C. d. (11 de Abril de 2017). *Filosofía.net.* Obtenido de http://www.filosofía.net/materialm/num/levinas.htm

Ortega, P. (2014). *Educar en la Alteridad. Tomo 1 Colección Pedagogía de la Alteridad.* (Primera ed., Vol. 1). (P. O. Ruiz, Ed.) Colombia: Redipe. Recuperado el 11 de Abril de 2017, de www.redipe.org

Mestre, A. (s/f). Estrategia de capacitación para la preparación del especialista en
Medicina General integral para la atención al Síndrome demencial desde el   nivel primario de Salud (APS). Consultado el 5 de septiembre de 2016 en:
http://www.bibliociencias.cu/gsdl/collect/libros/index/assoc/
HASH01cb.dir/doc.pdf

Rajadell, N. (2002). La importancia de las estrategias docentes para la resolución de conflictos en el aula. *Revista Electrónica Interuniversitaria de Formación del Profesorado, 5* (3). Consultado el 10 de septiembre de 2016 en:
http://www.aufop.org/publica/reifp/02v5n3.asp

UABC, (2016). Código Ético Profesional de la Universidad Autónoma de Baja   California. Página Web de la Coordinación de Formación Básica.
Consultado el 27 de mayo de 2017 en: http://www.uabc.mx/formacionbasica/documentos/codigo_etica_universitario.pdf

REFERENCIAS NARRATIVAS DE PELÍCULAS POSTAPOCALÍPTICAS EN LA CONSTRUCCIÓN DE UN VIDEOJUEGO.

XVII Congreso Internacional de Teoría y Análisis Cinematográfico SEPANCINE. 21 -23 de julio de 2018.

Mtro. Alejandra Ramos Villavicencio; Mtra. Rosa Herlinda Beltrán Pedrín; Mtro. Luis Felipe López López; Mtro. Jesús Humberto Orozco Orozco.

Resumen

"ALTERIDAD" nuevo mundo…nuevo orden, es un Proyecto de Investigación sobre el uso de Videojuegos en línea como herramienta de enseñanza-aprendizaje de Ética y Valores. El Videojuego se convierte en *Simulador Virtual* de situaciones que tienen que ver con las decisiones que tomamos en el día a día. Tomando como base el Programa de Unidad de Aprendizaje (PUA) de Ética de la licenciatura en Medios Audiovisuales de la Facultad de Artes de la Universidad Autónoma de Baja California (UABC), se diseñaron acciones y actividades que representan temas y conceptos vistos de manera teórica en clase y el alumno los aplicará en el videojuego.

Dadas las características narrativas de un videojuego, en donde las decisiones del jugador se vuelven parte de la historia y basándonos en los requerimientos de la unidad de aprendizaje de Ética fue necesario construir una historia que contextualiza al jugador en un mundo con ciertas características que le permiten comprender las acciones y actividades que él mismo debe realizar en el juego. Esta historia narrada en un cuento de lectura previa al ingreso al juego permite al alumno establecer la Diégesis de la historia y el desarrollo de "Alteridad" nuevo mundo…nuevo orden, del que él mismo formará parte como avatar.

PALABRAS CLAVE:

Narrativa, Videojuegos, Referencias Cinematográficas.

Construcción de la Historia.

El proyecto Alteridad puede considerarse dentro del concepto de lo que se conoce como Trans media, esto es, desde el punto de vista de Fernando Irigaray catedrático de la Universidad Nacional de Rosario, Argentina y experto en Comunicación Digital Multimedia, quien define la TransMedia como:

..."un texto siempre **en construcción**, de **crecimiento permanente**, acaso **un verdadero universo que apela a las plataformas más diversas y a la multitud de voluntades para continuar con su expansión"**... La TransMedia se refiere a las narrativas que se cuentan a través de plataformas informáticas diferentes y que son alimentadas en su historia por distintos participantes activos, lo que permite que la misma historia se vaya modificando o varíe en su desarrollo. Según Diego Rivera (2012), este proceso implica interacción entre los usuarios, además la tecnología, las redes sociales y movimientos como la Gamificación han contribuido a enriquecer el discurso y a facilitar la construcción de estrategias Trans-Media. **(Irigaray, F. 2016).**

En el videojuego Alteridad son los usuarios/alumnos los que en la medida de su avance irán construyendo la narrativa de la historia, aunque en un inicio se les haya contextualizado en un ambiente en específico a través de la lectura de un cuento.

Para que exista la posibilidad de que la narración se dé de esta manera es necesario el soporte informático de una plataforma en donde haya interacción de los usuarios. Alteridad contará con un *chat* y al ser un videojuego en línea lo convierte en una red social.

Para la construcción de la historia, fue necesario considerar varios elementos, entre ellos: los temas y conceptos contemplados en el Programa de Unidad de Aprendizaje (PUA) de la materia de Ética de la licenciatura en Medios Audiovisuales de la Facultad de Artes de la UABC; el tiempo de duración del periodo escolar que es de aproximadamente cuatro meses o 16 semanas y las referencias narrativas de películas postapocalípticas que a su vez fueron referencia para el Diseño de Arte del videojuego.

Según José A. Corbal, con respecto a los elementos básicos de narrativa en videojuegos:

"…en el cine un género es una categoría más en la forma de contar una historia, en videojuegos hace referencia a las categorías en las que el usuario interactúa con la computadora durante o para el transcurso de una historia, es decir, determina cuánto poder tiene el jugador-percutor en relación con sus otros roles…" (Corbal, J. 2017 pág. 25).

Ahora bien, para este mismo autor;

"… la estrategia puede darse […], donde todos los jugadores operan simultáneamente […] la dificultad prima sobre el argumento que es interesante solo a nivel de reseña. (Corbal., 2017 pág. 88).

"Alteridad, nuevo mundo…nuevo orden", es un videojuego de estrategia, multijugador (*MMO*) en línea, de administración de recursos y *RPG* (*Rol Playing Game*).

En general podemos decir que todas las historias constan de tres actos en donde cada acto tiene ciertas características definidas. En "Alteridad" jugamos un poco cambiando estas características conectándolas con las necesidades específicas para las que está siendo creado el videojuego. Esto es: si normalmente en el primer acto es en donde en todas las historias se presenta a los personajes que intervendrán en el conflicto y la resolución del mismo, el primer acto en este videojuego estará externo a él; narrado en un cuento introductorio que presenta las causas que generaron el escenario postapocalíptico en el que el jugador/alumno realizará sus actividades así como una serie de personajes que de hecho ya no existen en el juego, con excepción del *Guía de tutorial,* pero que son importantes pues ocasionaron la destrucción del mundo. Destrucción causada por una serie de antivalores y ausencia de ética y moral.

El segundo acto en el que normalmente se desarrolla la trama y como se conectan los personajes corresponde al videojuego en sí y es aquí en donde podemos decir que la narrativa se va construyendo según las acciones realizadas por cada jugador, pues, si bien habrá momentos en que todos lleguen a cierto acto o suceso (como la conformación de *aldeas*[5]) la forma en que lleguen a estos puntos dependerá exclusivamente del modo en que el jugador/alumno realice estas acciones.

El tercer acto, que lleva a la conclusión o resolución del conflicto en cualquier historia, en "Alteridad, nuevo mundo… nuevo orden" está contemplado presentarlo en un *videoclip* de animación que tendrá una duración de 15 segundos, y en él veremos cómo se lleva a cabo la *Ceremonia Sagrada.* Un final que lleva a la regeneración del planeta Tierra y con esto el establecimiento de un nuevo mundo y un nuevo orden.

Esta estructura se diseñó de esta manera porque como dice José A. Corbal: …"Hay que tener en cuenta que un jugador quiere comenzar la partida cuanto antes, aunque sea con poca o ninguna información, y esta es una buena razón para hacer los primeros actos cortos y directos al grano si no son interactivos, o formando parte del juego si lo son"… (Corbal, J. 2017 pág. 27). Además de considerar el hecho de que el videojuego Alteridad está siendo diseñado para dispositivos electrónicos como teléfonos celulares y tabletas, lo que representa que en algunas ocasiones el jugador/alumno tendrá que consumir sus datos[6], lo que representa económicamente una desventaja.

Referencias Narrativas.

Como referencias narrativas en la construcción de la historia del videojuego Alteridad se consideraron tres producciones cinematográficas que son las mismas que se utilizaron para definir el *Diseño de Arte.*

En la tabla I se resume las características principales que se tomaron de cada historia y la premisa de cada una de ellas:

El escenario del videojuego Alteridad es postapocalíptico con un ambiente con 80% de humedad y una temperatura constante de 50° C, esto genera un ecosistema de bosque húmedo como el que podemos notar en cada una de las películas con las que se le referenció.

La Empresa *Energías Avalancha Ibérica (EAI)* en el videojuego, monopoliza el mercado de producción de energía a nivel mundial y sobreexplota tanto las reservas naturales como las centrales nucleares y los intentos de microempresas productoras de energía solar y eólica. Además de este rubro, por una desmedida ambición inicia en la investigación de producción de Cyborgs cuyas funciones son la limpieza de zonas contaminadas o recolección de recursos de distintos tipos. En la manufactura de estos Cyborgs se utilizan partes de seres humanos, es decir, la historia aborda la Bioética al experimentar con humanos.

A raíz de una tormenta magnética sucedida en el momento en que se prueba el software creado para eliminar la fuerza laboral humana que los controlaba, el programa falla haciendo que ahora los Cyborgs vean como basura a los seres humanos y traten de destruirlos y al mismo tiempo considerarlos como recursos para la producción de nuevas unidades robóticas.

Escenario del Videojuego.

El jugador/alumno ingresa al juego y se encuentra con un escenario 30 años después de sucedida la crisis mundial que lleva a los seres humanos a tratar de sobrevivir por sus propios medios en un ambiente contaminado. Las ciudades están abandonadas y casi cubiertas por la naturaleza. Debido al uso de transgénicos, las plantas comestibles son pocas y es necesario construir condensadores de agua potable y generadores de energía para la barrera o cúpula protectora en su domo y aldea, la que los protege contra los ataques de Cyborgs.

En cierto momento del juego, será necesario escoger una profesión y conformar una *Aldea* condición necesaria para poder seguir avanzando en el juego. Con esto se pretende favorecer la aparición de *líderes,* como existen en las películas referenciadas, pues cuatro de las ocho profesiones a escoger son indispensables para tener acceso a las *lagunas*[7] en donde continúa el juego y estas profesiones no pueden repetirse en cada aldea. Los animales han mutado y se han adaptado al medio ambiente, pero solo existen pocas especies que sobreviven en estas *lagunas*, aquí los miembros de la *ReSA (Resistencia por la Salvación de Alteridad)*escondieron en *bunkers* cantidades considerables de *Chips Minerales* con los que funcionan condensadores, generadores y los mismos Cyborgs.

El jugador/alumno deberá sobrevivir en un ambiente hostil y degradado, pero deberá entender que la sobrevivencia de la raza humana depende del poder de negociación y trabajo colaborativo. Con esto se pretende que sea él quien establezca un nuevo mundo bajo un nuevo orden.

Personajes.

Para describir a los personajes será necesario ubicarlos en los distintos tiempos del transcurso de la historia en su totalidad. Esto es, existen personajes importantes protagónicamente en el cuento introductorio y en la conclusión del mismo en el videoclip final, sin embargo, no son personajes con los que el jugador/alumno tendrá interacción alguna. Esta es la razón principal de haberles dado la clasificación de: héroes, villanos, Místicos y Otros personajes.

Con excepción de *Uriel* quien se encuentra presente como guía del tutorial del juego y es el principal personaje del cuento, todos los demás solo existen o en el cuento o en el juego.

Héroes.

Para José A. Corbal , (2017), ..." los personajes son una base de apoyo para la personalidad del jugador"...[ ]...ha de ser creíble, pero ha de mantener una conexión con el jugador...", es por esto que los avatares/héroes es gente común de distintas edades y ascendencia étnica variada. De hecho, varios de los modelos gráficos que se diseñaron fueron ilustrados tomando en cuenta el físico de algunos alumnos de la licenciatura en Medios Audiovisuales de la Facultad de Artes de la UABC, alumnos y docentes dieron su permiso para utilizar sus fenotipos y quedar plasmados en el videojuego.

Los avatares/héroes son gente que sobrevivió al apocalipsis mundial y que ahora deberá sobrevivir en un mundo difícil, pero en el cual irán creciendo al formar parte de la historia en la medida en que sus actividades y participación en el juego se desarrollen. Son ellos, los avatares/héroes/alumnos los que determinaran el curso de cada historia al jugar, aunque invariablemente se llegue siempre al mismo final, la *Ceremonia Sagrada,* conclusión de la historia.

Villanos.

Los antagonistas o villanos en el videojuego Alteridad son Cyborgs creados con el objetivo de limpiar y descontaminar la Tierra, así como buscar recursos que aún sean utilizables. Como anteriormente se mencionó en este trabajo en el momento en que se intentó probar una actualización del software que los controla sucede una llamarada solar que afecta el sistema o programa que los controla provocando que los Cyborgs vean como contaminantes del planeta a los humanos, pero también como recursos utilizables para manufacturar más Cyborgs.

El **T1** era un *organismo cibernético biológico* de primera generación. Debido a la sobrepoblación mundial, las guerras desmedidas y las epidemias, en las ciudades empezaron a haber una acumulación de cuerpos imposible de cremar o enterrar. Las empresas desarrollan los T1 con un 40% de órganos y partes humanas y un 60% de partes electrónicas. El control de estos T1 lo llevaba a cabo una persona llamada Pastor, quien podía controlar un máximo de 100 T1 y cuyo tiempo de vida de cada unidad era de 1 mes.

El **T2** fue creado debido al éxito de los T1, pues las empresas continuaron desarrollando estos Cyborgs y lograron utilizar las extremidades humanas, brazos y piernas controlados por una cabeza y tórax a base de cableado sencillo en una base de materiales sintéticos, cuyo centro de poder está en el chip de cuarzo y mineral. Estos Cyborgs T2 duraban hasta 6 meses trabajando en las zonas contaminadas. Aun se requería un Pastor para controlar a los T2, pero debido a la escasez de recursos, se le dio la opción al Pastor de cambiar el mando de los T2 entre *Limpieza y descontaminación* a *búsqueda y recolección de suministros*.

Así llegaron al **T3**. A esta generación de Cyborgs no se le proveyó de partes humanas, sino de humanos completos, es decir, la ola de secuestros aumento a niveles desorbitantes, pueblos enteros se volvían pueblos fantasmas. Las empresas produjeron Cyborgs con los mismos humanos, a los que solo se les extirpo el cerebro y se les colocó un cerebro de computadora, pero con el chip más sofisticado que se pudo desarrollar; el mismo que permitía el suministro de agua o energía para un domo por más de 30 días, mantenía con vida indefinidamente los cuerpos humanos. Pero cometieron un error, proveyeron al T3 de conciencia propia para decidir qué actividad realizar, y con esto la capacidad de *"pensar"*, pero *pensar sin sentir* no los convirtió en humanos, sino en monstruos. Se eliminó la fuerza laboral de los Pastores y con ello las empresas o empresarios ya no pagaron sueldos. **Los T3 buscan suministros humanos y descontaminar el planeta de hu-**

manos. Atacan aldeas y comunidades, buscan su permanencia y el control de Alteridad.

Un personaje antagonista más en el desarrollo de la narrativa son los llamados *Nightmarefire* (pesadillas nocturnas) que son robots que atacan de noche las aldeas con la intención de destruir la barrera de energía y con esto favorecer la entrada de Cyborgs a las zonas donde habitan los sobrevivientes. Estos personajes fueron creados con la intención de enriquecer la trama y darle un poco más de riesgo o emoción al juego y para de alguna manera obligar al jugador/alumno a cuidar su avance y aumentar sus logros. (González, D., 2017).

Místicos.

Todo videojuego se sitúa en una cultura mística específica o tiene relación a una época en la historia del mundo. En este sentido en Alteridad se creó una mística neutral presentando solo *Maestros Sabios* y referenciándolos con los cuatro elementos de la naturaleza, estos son: tierra, viento, agua y fuego. Estos personajes solo aparecen en el videoclip de conclusión de la historia, sin embargo, los elementos representados en sus báculos, cuya punta es el *objeto de poder* que los jugadores/alumnos deben obtener en las *lagunas* son muy importantes en la narrativa pues solo con la obtención de estos, entregados a los jugadores por cada maestro, será posible llevar a cabo la Ceremonia Sagrada y por ende la regeneración del planeta.

En el diseño de estos personajes se utilizaron las referencias físicas de personajes de las producciones cinematográficas de El

Hobbit (*Peter Jackson, 2012-2014*) y Juego de Tronos (*Game of Thrones: David Benioff / D.B. Weiss, 2011-2019*).

Otros personajes.

En la historia de Alteridad, existen otros personajes que son importantes para la comprensión de la Diégesis de la historia y que fueron creados con la intensión de favorecer el desarrollo de las actividades del juego.

En el transcurso de cada partida, es necesario ofrecer al jugador/alumno *bonus*[8] que le permitan avanzar más fácilmente en el juego o simplemente hacer más interesante o retadora cada sesión. También se hace necesaria una parte de introducción que comprenda un pequeño tutorial con la explicación de los movimientos básicos de la interfaz, es decir, hay que decirle al jugador cómo y en donde debe hacer "clic" en la pantalla. Quien le da estas explicaciones y a quien le damos el nombre de guía del tutorial es *Uriel.*

Este personaje es el único que aparece tanto en el cuento introductorio como en el videojuego. Uriel es el lugarteniente de Barón Rojo líder de la ReSA (Resistencia por la Salvación de Alteridad), posee un coeficiente de inteligencia de 170 y fue el creador del prototipo Cyborgs T1. Es un ser humano al que lo envuelve cierto misterio, hijo de una mujer líder de una tribu en el bloque Norte del mapa capaz de comunicarse con los animales y sentir los cambios en las vibraciones del medio ambiente.

También existen mascotas detectoras de Cyborgs. Estas son un perro llamado *Strong* y un gato llamado *Lusty.* Estas mascotas solo son mencionadas brevemente en el cuento como parte del trabajo de investigación en genética de las empresas Avalancha Ibérica. Sin embargo, en el juego tienen la capacidad de avisar al jugador/alumno cuando se acercan los Cyborgs ya sea maullando o ladrando. Cada jugador deberá adoptar una mascota y deberá cuidarla y alimentarla, con esto se agrega al juego cierto riesgo y se busca la práctica del valor de la responsabilidad. Recordemos que Alteridad es la Gamificación de Ética y Valores por lo que la falta de atención y cuidado de dicha mascota podrá provocar que muera y con ello el tan temido *Game Over*[9], haciendo que el jugador /alumno tenga que empezar de nuevo desde el principio.

Por último y también con la intención de brindar al juego cierto grado de dificultad, y a manera de *misiones en el juego*, cada aldea deberá tener entre sus jugadores quien escoja la profesión de *Domador* la cual es determinante para lograr hacer contacto con los *animales de poder.* Estos son una *tortuga* que es un hibrido de tortuga marina y terrestre; un *halcón,* híbrido de cóndor y halcón peregrino; y un *jaguar*, estos animales son íconos de espiritualidad prehispánica en el continente latinoamericano y en el juego se deberá domar a cada uno de ellos para lograr abrir el portal y hacer contacto con los *Maestros Sabios* quienes recordemos harán entrega de los objetos de poder para llevar a cabo la *Ceremonia Sagrada.*

La Narrativa de "Alteridad, nuevo mundo…nuevo orden", nos presenta una historia construida a partir de los requerimientos de una unidad de aprendizaje de un programa educativo, referenciada con lo que consideramos puede ser un poco más conocido en cuanto a películas y series de televisión actuales. Pero también toma algunos elementos representativos de nuestra identidad latinoamericana como los animales, las profesiones y el mapa por donde se moverá el jugador/alumno construido a partir de un reacomodamiento de América Latina.

Sin embargo, los conflictos y los sucesos que llevaron a las características de este universo postapocalíptico son de carácter universal, los antivalores se dan en todo el mundo; ambición, deshonestidad, injusticia, indiferencia, irresponsabilidad, actitudes negativas de personas frente a las reglas sociales y humanas, por mencionar algunas, generan la necesidad de establecer o restablecer un nuevo mundo con humanos conscientes de que es en la medida en que pensamos en el bien del otro y me hago responsable de los demás, es en la medida en que *Yo* puedo o podré existir, y esto es a lo que se enfrentarán los alumnos una vez que entren al videojuego y formen parte de su historia.

Referencias:

Corbal, J., (2017). Curso de Narrativa en Videojuegos. RA-MA Editorial. Madrid España. ISBN 978-84-9964-710-4. septiembre 2017.

González, D., (2017). Diseño de Videojuegos. Da forma a tus sueños. Alfaomega Ra-MA. México. ISBN 978-607-707-225-6. Julio 2017.

Irigaray, F. (2017). Conferencia sobre Trans-Media. Instituto de Comunicación e Imagen de la Universidad de Chile. Consultado el 19 de mayo de 2017 de: http://www.icei.uchile.cl/noticias/90887/transmediaun-concepto-que-revoluciona-la-forma-de-comunicar

COLABORACIONES

REFERENCIAS PARA LA CONCEPCIÓN DE ARTE EN UN PROYECTO DE VIDEOJUEGO PARA PROMOVER LOS VALORES "ALTERIDAD"

Revista Digital SocietArts, Facultad de Artes de la UABC. Octubre de 2017.

Mtra. Rosa Herlinda Beltrán Pedrín
Mtra. Alejandra Ramos Villavicencio
Mtro. Humberto Orozco Orozco

La propuesta estética para un proyecto audiovisual va ligada a los eventos que ocurren en su narrativa, cada elemento que se presenta está justificado por investigaciones sobre su posible contexto y referencias posteriores presentadas en productos culturales que se apropian de una temática. *"Podemos tener un diseño muy cartoon*[10]*, naif o realista; o crear un propio estilo alocado, pero todo lo que desarrollemos debe estar en la misma línea"* (González, 2015). Ahora el imaginar un mundo postapocalíptico donde los ciborgs pretenden acabar con la raza humana y la alteridad en esencia se requiere para sobrevivir, se analizaron varias propuestas pictóricas, cinematográficas y plataformas de otros videojuegos para definir una estética apropiada y respaldar la historia que se pretende desarrollar en el ordenador.

Para avanzar en la concepción de arte para este proyecto el primer acercamiento que se presenta es con el desarrollo de la trama, después de atender la historia que es el eje central de *Alteridad*, se compartió la escaleta, se ejecutó una primera lectura formal, sin pretender nada solo con el objetivo de asimilar la historia, posteriormente se realizó una segundo aproximación con el texto en la cual se manifiestan opiniones sobre colores y formas que se imaginan, una primera propuesta estética.

En la concepción del arte, el color y las estructuras de los elementos constituyen una parte relevante que apoyan el relato, estimulando el interés de los destinatarios al diseñar escenarios que despierten emociones. El director de arte tiene la tarea de retomar la narrativa y trasladarla a reglas de interpretación, situaciones que se instituirán en ese universo en gestación.

LAS REFERENCIAS AUDIOVISUALES

Con una noción sobre la posible estética para el proyecto, se trabajó en el visionado de películas con tramas similares. Analizando la composición de encuadres, objetos que se presentan, edificios, ambientes y el manejo de color. En su mayoría las películas o audiovisuales que abordan las temáticas de Ciencia Ficción postapocalípticas suceden en el desierto; *Alteridad* tiene como referente principal un futuro donde el planeta Tierra cuenta con 80% de humedad en su atmósfera por ello se investigaron filmes donde el desierto no es el escenario principal, si no la selva o el bosque tropical son los ecosistemas básicos. Se buscaron propuestas con estas características: a) Postapocalípticas b) Que sucedieran en zonas de densa vegetación, c) situaciones de sobrevivencia de jóvenes.

El primer referente es *Maze Runner* del 2014 (Correr o morir), inspirada en la obra literaria de James Dasnher y Dirigida por Wes Ball. Cuenta con la dirección de arte de Douglas Cumming *(Anabelle-2014, Disturbia-2007, Yo soy el número 4- 2011)*. En esta puesta en escena un grupo de jóvenes se encuentran encerrados en un espacio al aire libre donde la única salida es a través de un laberinto. El diseño de arte abarca un laberinto lleno de follaje verde denso, combinando así texturas de concreto, con manchas de óxido y el verde saturado. La idea de tener ecosistema con una atmósfera 80% de humedad ya marcaba una línea en el desarrollo del proyecto.

Del director Nigth Shyamalan *After Earth* (Después de la Tierra), el artista conceptual es Dean Sheriff (*300: rise of an Empire, Suker Punch, Mission Imposible-Ghost Protocol, Watchmen, The Incredible Hulk*). Esta película es una explosión visual de paisaje, follaje, animales exóticos, plantea un mundo futuro donde la naturaleza ha recuperado el dominio, los animales han evolucionado, el paisaje se ha transformado y la humanidad no tiene hogar en el mismo.

En Alteridad las personas tendrán que formar aldeas su hogar de materiales que se encuentren en su entorno, como partes de avión, barcos, chatarra, el Mtro. Rodrigo Castelazo ha diseñado los elementos para la construcción de las aldeas. Estas aldeas deberán estar protegidas por un domo de energía, la referencia del domo se toma de una estructura presentada de aviario de la película Jurassic World dirigida por Steven Spielberg en 2015.

The 100 *(2014)* serie de televisión estadounidense de ciencia ficción y drama creada por Jason Rothenberg y basada en la novela homónima escrita por Kass Morgan. Una serie de televisión fresca que plantea una Tierra sin habitantes humanos, la raza humana ha sobrevivido en una estación espacial, la cual después de varios años están obligados a abandonar por falta de suministros, eligiendo a cien jóvenes como conejillos de indias en el regreso a este mundo. Estos Jóvenes se encuentran con un planeta lleno de vegetación, grandes causales de ríos y lagos, así como animales afectados por la radiación ocasionada por la última guerra nuclear. Lo primitivo y lo futurista. Lo orgánico y lo tecnológico se fusionan de una forma natural en la serie. Esta historia es pertinente rica en elementos que se pueden tomar de referencia para este proyecto.

LA PALETA DE COLOR

El color personifica los objetos que se desarrollan en el diseño de producción de una pieza audiovisual, el color comunica el lugar y el tiempo, define los personajes, atmósfera, emociones, es una gran herramienta, al elegir el rango de color que define el universo se contrasta o se implementa con la narración. *"Los colores producen diferentes emociones e influyen de manera decisiva en nuestra percepción de la realidad. Colores primarios y secundarios, en sus infinitas combinaciones entre sí y con un determinado tipo de letra, tienen el poder de transmitir un mensaje o emoción concreta".* (Mique, 2017)

Las características del relato por su proyección futura liga su estética a la selva tropical o bosque lluvioso tropical en el cual se presentan casi todo el año y hay un ambiente siempre saturado de humedad. Las temperaturas son altas.

Buscando una guía de color para **Alteridad,** se localiza la paleta de color de las estaciones del año, se optó por la que corresponde a la de otoño. La paleta va del morado uva, verde azul profundo, azul nocturno, gris verde, Verde amarillo luminoso, verde forestal, sepias, café, naranjas, rojos y rosas. Los colores base para personajes, animales de acción u objetos se encuentran entre el rosa, morado, azules, ocres y naranjas. Tonalidades de verdes, marrones y azules para paisaje. Investigaba paletas de color que contaran con una gama amplia de posibilidades en combinación. Tonos un poco saturados ya que esto agrega sensación de movimiento a los personajes.

LAS REFERENCIAS / INVESTIGACIÓN SOBRE EL PLANO REAL

La investigación es uno de los aspectos atractivos que se afana para dar forma *Alteridad,* analizar si lo que se está maquinando puede ser creíble al espectador, *"La documentación es fundamental, aunque hagamos un videojuego de ciencia ficción o fantasía la realidad nos da ideas"* (González, 2015). Al dividir las categorías para desplegar el diseño de arte se localizó información que argumenta algunas de las disposiciones sobre la estética.

La Tierra Futura
Para poder iniciar con la construcción de los escenarios tenía-

mos primero que delimitar las zonas, realizar un mapa, la proyección de la Tierra futura en el juego de Alteridad está inspirada en la teoría de la última Pangea, algunos estudios científicos afirman que dentro de 200 millones de años el océano Atlántico y Pacífico serán uno solo, los continentes se desplazarán hasta de nuevo volver a ser uno. *"El futuro supercontinente ya fue imaginado por muchos geólogos y hasta tiene un nombre: **Amasia**. Aunque esta es una de las configuraciones que se teorizan, ya que hay otra que recibió un nombre diferente: **Pangea Última"**.* (Espaciociencia.com, 2015)

Como ejercicio se dibujó el continente americano y nos vimos en la tarea de recortar y reordenar este universo, marcando la zona de escombros de las ciudades área de ruinas, el área de las aldeas, el área de los ciborgs, el área de las lagunas, la Tierra Sagrada. También se delimitaron las zonas de cada una de las aldeas y se les asignó un símbolo que representa a cada uno de los elementos: agua, tierra, fuego y aire.

La Flora

Para fines de la historia el diseño de paisaje contará con una gama extensa de follajes donde los protagonistas circularán, pero tenemos tres plantas importantes que tendrán la finalidad de otorgar energía, fuente de alimentación para los personajes, la señalización en la escaleta es que se diferencian por el color, una amarilla, una roja y otra morada . *"La flora amazónica es bendita por la Naturaleza. En medio de la selva, hay innumerables especies comestibles, oleaginosas, medicinales y colorantes"* (Atakan Amazon, 2015). Tomando de referencia la vegetación proveniente de la Amazonas encontramos tres plantas que estéticamente se podían ingresar al proyecto Corpse Flower (Flor Roja), Pitcher plants (Amarilla), Ginger Plants (Morada).

La Fauna

Así como la flora se establece en el proyecto por la característica de su escenario, la fauna también sufre de algunas variaciones a causa de las mismas condiciones climáticas que se imaginan para el videojuego. Dougal Dixon en 1981 presenta una *"maravillosa muestra de **zoología ficción**, en la que nos muestra la fauna mundial como se la imagina 50 millones de años en el futuro, valiéndose de estos extraños animales para explicar la evolución de los organismos, los procesos de adaptación, especialización, convergencia evolutiva, radiación..."*. (Lobato, 2009). Con estas referencias se pretende elaborar un diseño de los animales que se aproxime a estas visiones. Como aliados del humano tenemos un águila (animal de aire), una tortuga (animal de agua) y un jaguar (animal de tierra). Además de la fauna salvaje apoyan a los personajes un perro o un gato como mascota de detección de ciborgs.

Los elementos a desplegar en una propuesta estética para un videojuego es basta, en esta etapa inicial se partió de los escenarios, la flora, fauna, las personas, los edificios, los ciborgs, la ropa, el generador, los chips, los contenedores, las aldeas, las lagunas, los maestros sabios, oráculos, las pantallas de proyección, el guía, los cromos; otros elementos surgirán conforme se definan las rutas y obstáculos que el alumno deberá sortear para llegar al propósito de **Alteridad**, los maestros y alumnos que conforman el equipo involucrado en el proceso de este proyecto sigue trabajando para descubrir la solución apta a estas necesidades estéticas.

REFERENCIAS

Atakan Amazon. (2015). Atakan Amazon. Retrieved from Atakan Amazon: http://www.atakanamazon.com/ novo/spanish/amazonia/fauna-flora-la-amazonia-a-bordo-de-los-barcos-atakan-amazon

Espaciociencia.com. (2015, Enero 2). Espaciociencia.com. Retrieved from Espaciociencia.com: http://espaciociencia.com/en-el-futuro-la-tierra-formara-un-supercontinente/

González, D. (2015). Diseño de Videojuegos Da Forma a tus sueños. México, D.F.: Ra-Ma.

Lobato, C. (2009). La Ciencia de la Vida. Retrieved from Dibujos de animales imaginarios de Dougal Dixon : http:// biogeocarlos.blogspot.mx/2009/04/dibujos-de-animales-imaginarios-de_17.html

Mique. (2017). Mique. Retrieved from La importancia del color en el diseño : http://www.mique.es/la-importancia-del-color-en-el-diseno-grafico/

FILMOGRAFIA

After Earth (Después de la Tierra) 2013, Night Shyamalan, Overbrook Entertainment, Relativity Media, Blinding Edge Pictures, Estados Unidos.

Jurassic World (Mundo Jurásico) 2015, Steven Spielberg, Amblin Entertainment, Legendary Pictures, Estados Unidos.

Maze Runner (Correr o morir) 2014, Wess Ball, Ghotam Group, Temple Hill Entertainment, TGS Entertainment, Estados Unidos.

The 100 (Los cien) 2014, Jason Rothenberg, TV serie CW, Estados Unidos.

IMPACTO DE LA EDAD CRONOLÓGICA EN LA ANIMACIÓN DEL LENGUAJE CORPORAL.

Mtro. Jesús Humberto Orozco Orozco / Mtro. Alejandra Jesús Ramos Villavicencio

Introducción.

El proyecto "Impacto de la edad cronológica en la animación del lenguaje corporal" es un estudio que se está llevando a cabo a través de un proceso de registro real de las 6 emociones básicas de lenguaje corporal apoyadas en la propuesta que maneja el Dr. Paul Ekman: enfado, disgusto, miedo, tristeza, alegría, sorpresa, además de un análisis de la pose neutral (carente de emoción). Además, se tomó en consideración el efecto de la edad y su impacto en la apariencia y funcionamiento motriz del ser humano a lo largo de su vida (infancia, juventud, madurez y senilidad). Como primer producto se estableció un catálogo y determinó la metodología del proceso que puede funcionar como guía teórica y referencia visual para los alumnos de la clase de Animación del PE de Medios Audiovisuales de la Facultad de Artes.

Desarrollo del Proyecto.

El reto principal para una persona que está animando es poder conectar con la audiencia a través de su animación, es decir, venderle la idea de que lo que estamos animando está vivo porque la animación es la simulación de la vida, el movimiento a través de la ilustración o a través de diversas técnicas. Lo más difícil en ese ámbito es simular al ser humano así sea que esté altamente estilizado o que se acerque a la precisión anatómica porque hacemos más fácil para el espectador detectar que lo que estamos haciendo es una simulación, no es algo real.

La justificación de este trabajo plantea que para presentar a los alumnos una herramienta que les ayude a comunicar adecuadamente el lenguaje corporal en sus proyectos de animación necesitan tener presente un componente de estudio de análisis biológico del impacto de la edad en los seres humanos y por otro lado cómo se traduce eso en una serie de puntos y observaciones artísticas que puede formar parte del desarrollo de una técnica que tome esas consideraciones para poder comunicar adecuadamente la edad cronológica del sujeto que se está animando.

Por lo anterior expuesto, si en este ámbito de la animación lo más complejo es la representación de personajes humanos, los cuales comunican de manera verbal y no verbal, y en la comunicación no verbal que consta de expresiones gestuales y corporales tomando como referencia a Albert Mehrabian que dice que la expresión de emociones se da físicamente en un porcentaje aproximado de 55% el no verbal, 38% el tono en el que se habla y un 7% las palabras que se utilizan al comunicar, entonces podemos concluir que sería necesario la construcción de una herramienta y su consecuente estudio, que apoye a los alumnos para realizar animaciones de la figura humana de una manera más creíble.

En el ámbito de la animación del cuerpo humano existen aplicaciones o estudios muy específicos en los cuales el marco de reacciones y emociones posibles de animar se encuentra muy limitada. Entre los trabajos realizados se destaca el del guía del Tutorial Steve de los autores Rickel y Johnson en el año 2000, el cual es un manual de carácter pedagógico para auxiliar en educación y entrenamiento de equipos industriales.

El tutor *Steve* tiene diferentes comportamientos o movimientos corporales según el éxito o fracaso de las respuestas recibidas en el tutorial. En esta animación es posible ver al alumno practicando con las máquinas e inclusive al tutor asistiéndole. Lamentablemente, el modelo del cuerpo de *Steve* sólo se representa de la cintura para arriba. Además, aunque realiza ciertos gestos como asentir, negar o señalar, no establece una relación entre las emociones y el comportamiento gestual.

Haviland (2004), citado por Aheam, L. (2016) en cambio, emplea en sus animaciones, los gestos corporales únicamente para enfatizar un mensaje verbalizado, es decir, el movimiento corporal de la figura animada solo brinda apoyo o enfatiza el mensaje hablado.

El comportamiento emocional, la personalidad y el lenguaje corporal son elementos esenciales para reconocer a un personaje.

SU W., PHAM B., WARDHANI A (2007), realizó un trabajo en el cual los actores virtuales expresan sus emociones a nivel corporal, pero sólo se tienen en cuenta emociones positivas o negativas. Ese modelo se aplica también a un ejemplo concreto: el control automático de un personaje que cuentacuentos. En este trabajo se considera la personalidad y se usa para predecir el tipo de actor que narra una historia y su comportamiento y ello influye en la postura, gestos, expresiones, etc.

Partiendo de estas ideas y considerando la posibilidad de llevar a cabo un estudio más específico en cuanto a las posibilidades expresivas del cuerpo humano llevadas a este campo de la animación, es que se realiza esta investigación.

En el campo de la psicología existen investigadores que han aportado información con respecto a la expresión de las emociones en los seres humanos.

Ekman y Friesen plantean que el comportamiento no-verbal del hombre surge de tres fuentes diferentes: 1) programas neurológicos genéticamente transmitidos; 2) experiencias que son comunes a todos los miembros de la especie (por ejemplo, la utilización de las manos para llevar los alimentos a la boca, que es independiente de la cultura) y, 3) la variación de la experiencia de acuerdo con la cultura, la clase social, la familia o el individuo [Knapp 1991: 48]. Una interpretación global de las emociones ha de tener en cuenta estos tres niveles. En este estudio se tomará en cuenta la primera y tercera fuente, ya que la primera sería un poco compleja determinarlo en un proyecto de animación.

Ahora bien, en el campo antropológico específicamente la antropología sociocultural, Gabriel Luis Bourdin menciona en su artículo *Antropología de las emociones: Conceptos y tendencias* que :

…" La idea de la localización de las emociones en partes y regiones del cuerpo no es patrimonio exclusivo de algunos pueblos indígenas de América, África u Oceanía, estudiados por los etnógrafos, también fue formulada en la antigüedad entre los hebreos y los griegos, y forma parte de la teoría clásica de los cuatro humores, heredada de la medicina grecolatina, pero también de las tradiciones gnóstica y hermética. [Heelas 1996]. Me atrevería, incluso, a suponer que alguna forma de esta teoría, que podemos llamar "visceral", está presente en las culturas y sociedades de todo el mundo, debido a que es producto espontáneo del modo de operar del pensamiento humano, como si se tratara de un universal cognitivo… (Bourdin, G., 2016).

Partiendo de estas ideas, se decidió realizar en primer término un catálogo de referencias tomadas de películas y de la web de estas seis emociones básicas. En este proyecto se asignaron dos alumnos de ayudantía y prácticas profesionales a los cuales se dividieron en tres emociones para cada quien. Una vez asignada las emociones salieron a observar las posturas de los habitantes y empezaron hacer registro. En el registro de estas no existe un orden jerárquico, es decir, todas las poses son iguales de elaborar en animación , implican el mismo esfuerzo o trabajo, por lo que en este catálogo se presentarán arbitrariamente.

Como segunda etapa, se realizó el análisis de la pose observando las características de cada una y definiendo aquello que nos puede indicar la clase de emoción que se está presentando. Es importante observar, que en el catálogo propuesto en esta investigación las imágenes no tendrán rostro, que es lo que a corta distancia nos indica más evidentemente la emoción que las personas están sintiendo. Este es uno de los motivos que se tomó en cuenta, cuando se observa a una persona a distancia, probablemente no se alcanza a ver su rostro, pero la simple observación de su postura corporal puede indicarnos su estado de ánimo en ese momento.

Una vez analizada cada una de las imágenes, se llevó a cabo un comparativo entre ellas para resaltar las diferencias que puedan ser más evidentes para los alumnos a la hora de animar.

Como segundo paso se posaron los personajes para llevar a cabo una prueba piloto con los estudiantes del curso de animación 3D y ver si ellos podían identificar qué emoción estaba siendo representada.

Los resultados obtenidos en esta prueba se presentan en la siguiente tabla:

Emoción expresada	Aciertos	Desaciertos	Observaciones
Felicidad	11	0	Identificación correcta
Enojo	11	0	Identificación correcta
Tristeza	11	0	Identificación correcta
Miedo	8	3	Poco identificada
Sorpresa	11	0	Identificación correcta
Disgusto	9	2	Poco identificada

Conclusiones.

En esta primera etapa del proyecto y después del análisis de los resultados obtenidos en este sondeo entre estudiantes del área de diseño digital de la licenciatura en Medios Audiovisuales, podemos concluir que las poses más fácilmente reconocibles son: felicidad, enojo, tristeza y sorpresa. Por el contrario, las poses con más probabilidad de confundir son el miedo y el disgusto lo que implicaría probablemente exagerar las posturas o remarcar el movimiento de ciertas partes del cuerpo en el momento de la animación.

En otro sentido concluimos que el realizar el catálogo propuesto se justifica desde el momento en que aparece esta confusión en las dos emociones presentadas. Es decir, algunos estudiantes requieren de la observación concreta de las poses de las emociones para lograr llegar a la realización de una animación que sea lo más apegado posible a la realidad.

En una segunda etapa se realizarán poses de niños, adultos y adultos mayores, ya que, aunque es la misma emoción existen algunas limitantes fisiológicas dependiendo de la edad, aunque en ocasiones no se puede percibir claramente que movimiento corporal está transmitiendo.

Anexos

Poses en Animación

Uno de los errores más comunes que cometemos, es que queremos ver rápidamente el movimiento de nuestro trabajo, olvidándonos o no poniendo la atención necesaria a las poses.

Es de lo más importante a la hora de animar. Crear poses claras y fuertes, es una de las habilidades que debemos desarrollar como animador.

Una de las definiciones de animación que dimos en clase. es: **una serie de poses grabadas en el timeline que nos da la ilusión de movimiento**.

Poses tienen cuerpo y mente

* Las poses son acción y actuación: son los dos componentes. No solo tenemos la pose física.
* Necesitamos preguntarnos cómo vamos a realizar la acción y por qué. Será corriendo, caminando, volando, etc. ¿Debemos saber los porqués? Cuál es la situación, que está pensando, etc.
* Para simplificar esto, se dice que la Acción es la fuerza externa, que es lo que el personaje hace, como correr, nadar, caminar, brincar, empujar, etc.
* Actuación, es la fuerza interna, que es lo que personaje está sintiendo, sus emociones.
* Nuestra meta, es descubrir cómo la fuerza interna afecta el a la fuerza externa (la acción que realiza).
* Nos permite diferenciar entre un personaje default a uno con personalidad. Aunque la cara es muy importante para expresar cómo nos sentimos, el lenguaje corporal nos indica cómo se siente o cómo es esa persona.

  Si una persona está lejos y no podemos verle la cara, solo con ver cómo se mueve, puedes describir cómo se siente.

Fuerza Interna:

* Es la mente, son las emociones, como feliz, triste, cansado, ansioso, entusiasmado, etc.
* La personalidad y las emociones afectan como el personaje se desenvuelve.

- Ejemplo: Si una persona está emocionada sus movimientos serán más rápidos que los de una persona que está deprimida o cansada.

- Ejemplo: Si una persona está emocionada sus movimientos serán más rápidos que los de una persona que está deprimida o cansada.

Fuerza Externa:

- Son las acciones que realiza el personaje, estas se pueden describir con verbos. Empujar, hablar, caminar, reír, esperar.
- Estas acciones pueden ser activas o pasivas.
  - Activas se definen por el movimiento: correr, brincar, jugar, etc.
  - Pasivas se definen por la emoción: Hablar, esperar. Aquí entran las preguntas, está esperando pacientemente, está ansioso, etc. El cómo y por qué está haciendo las cosas puede influir al momento de tomar decisiones.

Antes en animación, era ver plantas o animales cantar. Sin embargo, la gente se empezó a cansar de eso, porque se empezaron a realizar historias, es decir, las animaciones empezaron a contar historias.

Así que podemos decir que:

- El personaje está en la pose
- La pose revela al personaje
- La pose no es sinónimo de movimiento
- Movimiento es un síntoma del estado emocional del personaje
- Pose es el mecanismo primario para contar una historia.

Pose -> Personaje -> Historia.

¿Beneficios de posar nuestros personajes?

- Una buena pose permite entender que es lo que está haciendo el personaje.
- Debe describir qué es lo que está sintiendo.
- Deben de ser simples y claras.
- La audiencia debe entender que es lo que está sucediendo con el solo hecho de ver la pose.
- Cada pose debe funcionar como si fuera una ilustración.
- Poses son muy importantes por qué haces que te interese tu personaje.
  - Appeal.- Nos permite identificar al personaje con nosotros o con alguien que conocemos. Podemos

> entender que es lo que está sintiendo.
> ◦ Emotion.- Nos muestra quien es como personaje.

- Si tienes poses fuertes, tienen un alto porcentaje de que tu animación sea buena.

Para llegar hacer eficientes al momento de hacer las poses, necesitamos investigar, planear, practicar, practicar y practicar.... Así que work work work. :P ok. No. Seguimos.

¿Cómo logramos buenas poses?

Antes de brincar a la computadora se recomienda investigar y planear sus poses.

Planeación:

Lo primero que debemos de preguntarnos por qué lo voy a posar de esta manera o de esta otra. Tengo que conocer al personaje. Por ejemplo.

- Edad
- Complejidad del personaje
- Personalidad
- Qué es lo está pensando.
- Que está sintiendo.
- Tiene alguna limitante física.
- Etc.

Referencia:

Antes de hacer cualquier cosa, deben de ver referencia con el fin de entender el movimiento del cuerpo. Así que salgan a parques, eventos, al mall, etc., observen y analicen a la gente, animales, etc., y traten de comprender su funcionamiento.

Posar uno mismo, te puedes observar, tomar fotos, grabar, posar enfrente de un espejo para entender la pose. Piensen como el personaje, no sean tímidos, levántense y actúen sus poses para que puedan entender cómo se mueve el cuerpo.

También pueden buscar imágenes en internet, libros, dibujos, todo lo que ocupen. Entre más mejor.

Línea de Acción:

Es una línea imaginaria que describe tu pose. Debe de ser simple, dinámica y clara. Nos muestra la intención del movimiento, dirección, fuerza, peso, estado de ánimo y propósito de la acción.

Es la línea que va desde la espina hasta la cabeza, en ocasiones desde los pies y manos. Captura la esencia de la pose.

Necesitamos que las poses sean claras al momento de verlas.

Queremos variedad en las poses: en intensidad y líneas de acción.

Debemos de escoger una pose que sea la maestra de todas a partir de ahí seguir posando. Si hacemos todas las poses igual de importantes se pierde el interés. Eso no quiere decir que no las hagan bien, al contrario, estas te van a llevar a esa pose principal.

En cuanto a la línea de acción, debemos crear contraste, ir hacia enfrente y hacia atrás. Debemos dar la sensación de que perdemos energía en nuestras poses.

Líneas de acción vertical, sirven para resaltar, no la hacemos en cada pose, sino donde realmente se necesita.

No dejar la cabeza rígida, siempre darle un ángulo y buscar la asimetría en las poses para mostrar más peso. Evitar poses paralelas.

Thumbnails:

Pueden ser dibujos sencillos, no importa que sean de alambre, lo que importa es la pose, darle actitud y emoción al personaje. Hacer sketches es más rápido y fácil que tratar de mover muchos controles y se puede reducir considerablemente, el tiempo para ver si una pose funciona o no.

Recuerden que los dibujos no deben de verse bonitos, pero si deben describir qué es lo que está sucediendo.

Tip para hacer Thumbnails.
- Definir la línea de acción.
- Dibujar cadera, torso y cabeza.
- 3 esferas.
- Usar las tres esferas para diagnosticar mis poses.

Peso en las poses:

Tratar de poner poses normales, que no se sientan incómodas. Puedes exagerar la pose, pero sin romper los huesos. <u>Si la pose duele no es una buena pose</u>.

Anatomía Básica:

Al momento de posar, debemos de pensar en poses que son anatómicamente correctas. Si quieres probar si una pose está bien hecha o no, trata de hacerla tú mismo y si te duele, entonces no lo está.

No importa el tipo de personaje o limitaciones que tiene el personaje, siempre trata de pensar cómo se mueve en la vida real.

Podemos pensar que nuestro cuerpo tiene partes sólidas y flexibles.

Sólidas:

Cabeza, pecho, brazo, antebrazo, palma de la mano, cadera, pierna, ante pierna y pie.

Flexibles:

Cuello, hombro, codo, muñeca, dedos, rotamos la pierna, rodilla, tobillo.

Rotaciones en nuestro cuerpo: Tienes que estar consciente del rango de movimiento de cada parte del cuerpo.

- **Cabeza:** Al animarla puedes hacerla en los tres ejes, RotX, RotY, RotZ.

- **Cuello:** Al animarla puedes hacerla en los tres ejes, RotX,

RotY, RotZ. Si quiere tener un movimiento más exagerado utilizó el cuello.

• **Espina:** También se rota en todos los ejes. Recuerda de mover cada uno de los controles que formar la espina.

• **Cadera:** Siempre se mueve como un bloque, si mueve la cadera derecha hacia abajo, la cadera izquierda se mueve hacia arriba. Lo mismo sucede si mueve hacia enfrente, la otra parte se va hacia atrás.

• **Hombros:** Siempre se mueve como un bloque, si mueve el hombro derecho hacia abajo, el hombro izquierdo se mueve hacia arriba. Lo mismo sucede si muevo el hombre hacia enfrente, el otro hombre se va hacia atrás. Los hombros me permiten dar mucha información en cada una de mis poses.

Piensa en la cadera y el hombre como si fuera una línea. Los hombros y la cadera trabajan en relación una con la otra. Tanto el hombre como la cadera están conectados no pienses en ellos como piezas separadas. De hecho, todas las partes del cuerpo están conectadas y se mueven en relación con la otra.

• **Brazos:** También se mueven en todos los ejes. Sin embargo, tienen ciertos límites. Si quiero mover mi brazo hacia arriba, hay un punto en el que tengo que incorporar al hombro.
• **Codo:** Solo se mueve en un ángulo. Ya que en la vida real eso hacemos.
• **Antebrazo:** Se mueve gracias a los huesos de Radio (HI) y Cúbito (HE), que nos permiten hacerlo.

• **Mano:** Se puede rotar en todos los ejes.
• **Dedos:** La rotación depende de su posición. **Los que están pegados a la palma tengo dos ejes de movimiento, los otros solo tienen uno.**
• **Pulgar:** Se mueve diferente a los demás dedos. Debemos de observar nuestra mano y ver como se mueve, para saber qué tan lejos puedo ir con mis poses.
• **Pierna:** La pierna la puedes mover hasta cierto punto, El personaje no se debe de ver roto. Así que debemos de tener mucho cuidado de las limitantes.
• **Rodilla:** Solo tenemos un eje para rotación.

- **Pie:** al igual que la mano se mueve en todos los ejes. También tomen en cuenta sus límites.

Planeación de poses:

Staging
- Un tip es que, si lo muestras, úsalo. No tiene caso mostrar partes del cuerpo sino van a hacer nada.
- Debemos procurar, hacer nuestro staging en una pose de ¾ ya que me da libertad de acercarme a otro personaje o moverse en otra dirección y regresar.
- Tratar de no hacer poses de profile.
- No estar muy cercas de otro personaje, al menos de que esa sea la intención. Piensa cómo se siente una plática con otra persona, regularmente nos sentimos mejor con personas que respetan nuestro espacio personal.
- Si tienes un CU, trata de no saturar la pantalla, puedes animar las manos sin necesidad de mostrarlos.
- Al crear nuestra pose, debemos tener cuidado donde colocamos las partes del cuerpo. Ya que tendemos agrupar cosas.
- Recordar staging es para mostrar lo que se va a usar en escena, si no se usa no lo muestres.

Manos
- Tratar de no dar la espalda, al menos de que sea intencional.
- Usar la mano que <u>no</u> está más cerca de la cámara.
- Mantener al personaje más abierto hacia la cámara para que la audiencia pueda leer bien las acciones.

Cara
- Mover los ojos, en vez de mover la cabeza para evitar quedar en profile. Trata de que los ojos indiquen la dirección y no la nariz.
- Tratar de evitar profile, al menos de que sea necesario.
- Hay que considerar que los ojos queden dentro de la cámara.

Silueta
- Nos ayuda a visualizar si la pose es clara, todo se debe de ver o la mayor parte del cuerpo.
- Se debe mostrar tanto la fuerza interna como la fuerza externa, es decir, que está haciendo qué está pensando.
- Jugamos con el espacio negativo y positivo. El personaje es el espacio positivo y el espacio es el negativo.

No hacer Clichés

- Se creativo, trata de venir con nuevas ideas a la hora de posar, no hacer las clásicas.

Trampas a la hora de posar

- Existen ocasiones en que tienes que exagerar la pose, no importa si la pose no se ve bien en otros ángulos, siempre y cuando la silueta es clara y se ve bien en la cámara. Pero debemos tomar en cuenta, que en ocasiones los ángulos de cámara pueden variar, así que no abusen mucho en hacer la trampa, porque tendrías que volver hacerla.

Exageración

- Debemos encontrar maneras de enriquecer la pose. De mejorar nuestra referencia, para describir mejor la pose.
- Recuerden debemos hacer una caricatura de la realidad y exagera las poses para poder crear algo más interesante que la vida real.

Simetría

- Evitar la simetría, para crear poses más interesantes.
- Buscar la naturalidad del movimiento.

Balance

- Que el objeto no parezca que se va a caer o sin peso.
- Que se vea que está sobre sus pies y en control de esa pose. Al menos de que esté desbalanceado apropósito.

Contrapposto

- Es cuando una persona esta parada de manera relajada y su peso está sobre una sola pierna. Aunque el peso no está igualmente distribuido, se dice que está balanceado porque no se cae.
- La cadera y los hombros están en direcciones opuestas.

¿Qué hace una buena pose?

- Simples y claras, que la pose se pueda entender bien. Recuerden que la audiencia solo tiene unos *frames* para entender lo que está sucediendo. Así que nuestro objetivo es que lo entienda tan rápido lo ven.
- Appeal, que tan interesante es la pose, capta la atención de la audiencia.
- Comunicación, Que es lo que nos dice del personaje.

- Fuerza, Se siente real el personaje.

Conclusión: Traten de tomar en cuenta, todo lo que se ha mencionado al momento de hacer sus poses. <u>Recuerden poses claras y simples</u>.

Referencias:

Bourdin, G. (2016). Antropología de las emociones: conceptos y tendencias. Cuicuilco. Revista de Ciencias Antropológicas, 23 (67)

Ekman, P., & Cordaro, D. (2011). What is Meant by Calling Emotions Basic. *Emotion Review*, *3*(4), 364–370. https://doi.org/10.1177/1754073911410740

Wayne, G., (2014). Simplified Drawing For Planning Animation. Anamie Entertainment Ltd.

Mesografía:

Baena, C.,(2019). Status y Personal Space. Recuperado el 20 de septiembre de 2018 de: https://carlosbaena.com/resourcestatus. Sexto párrafo de la página inicial.

Chiang, J (2015). The power of posing. Animated spirit. Recuperado 18 septiembre de 2018 de: https://www.animatedspirit.com/the-power-of-posing/

PRINCIPIOS BÁSICOS PARA EL ANIMADOR.
Parte I: La planeación

(O lo que es lo mismo: el poder de la servilleta)

Mtro. Jesús Humberto Orozco Orozco /Mtra. Alejandra Jesús Ramos Villavicencio

Antes de empezar a animar se necesita planear la escena que se va a realizar, esta es una recomendación que se hace a los estudiantes y que la mayor parte del tiempo la olvidan o simplemente no le prestan atención. La planeación puede ser una de las mejores herramientas que pueden tener especialmente en los primeros años como animador. No deberían sentarse frente a la computadora y mover a sus personajes sin saber con exactitud que poses son las que vas a usar, cuando y por qué.

"Aprenderás más acerca de la animación durante la planeación de la escena que si animaras a prueba y error" (pág. 25, traducción propia).(Wayne, G., 1999)

La animación como herramienta de narrativa visual le brinda a su creador (o creadores) un mundo de posibilidades que, debido a la flexibilidad propia del medio, puede resultar abrumador. La planeación sobre todo en industrias donde los tiempos de entrega son muy estrechos como en la de videojuegos o programas de tv, sirve para tener una idea clara donde inicia una escena, donde termina, cuantos y como se moverán los personajes, que escenarios se necesitan, las voces que se utilizarán y el tipo de música.

Cuando se quiere realizar una escena en animación es muy significativo planear a conciencia si se desea finalizar en un tiempo determinado y con el menor de accidentes posibles. No importa si solo se hace una serie de poses, cada una de ellas debe de ser planeada con detenimiento para lograr encontrar la que mejor transmita el mensaje o emoción. Si no existe planeación se puede dejar llevar por la espontaneidad de la acción e improvisación donde esto, no es estrictamente malo, sin embargo, se puede perder el sentido que se le quería dar al movimiento del personaje, los tiempos de entrega se empiezan a encoger y la escena a estirar.

El director-animador de estudios Disney Woolie Reitherman dijo "Cuando no sabía que tenía que hacer en una escena, animaba en acción directa, para mí era muy divertido ya que me podía encontrar con algo que no se me hubiera ocurrido". Gran animador de clásicos como: *Snow White and the seven dwarfs* (Blancanieves y los siete enanos, 1937), *Dumbo* (1941) y director de *La espada en la piedra* (1963), *El libro de la selva* (1967), entre otros. Aunque es una excepción a la regla, no hay que olvidar que era uno de los legendarios *Nine old men (Los 9 ancianos)* de Disney expertos con el lápiz y papel, por lo que sus tiempos de respuesta eran más rápidos que si se quiere improvisar dentro de una plataforma 3D.

El estudio Pixar tiene la fama de incluir en sus películas nombres de lugares reales o números que tienen significado para ellos como el clásico A113, que sirvió como aula para varios miembros del staff de Pixar cuando estudiaban animación de personajes dentro del Instituto CalArts. Cuenta la leyenda (urbana) que en el verano de 1994 en Hidden City Café en Point Richmond California, cuatro miembros de Pixar; Andrew Stanton, John Lasseter, Pete Docter y Joe Ranft (DEP) tuvieron una comida memorable ya que empezaron con lluvia de ideas para sus siguientes películas. Estas ideas fueron anotadas en las servilletas del lugar donde comían.

…"La creatividad fluyó ese dia, la planeación y creación de personajes de 4 nuevas películas nació en las servilletas de la comida: 1998's A Bug's Life, 2001's Monsters Inc., 2003's Finding Nemo y 2008's Wall-E" (traducción propia) (Aaron H. Goldberg, 2016).

Este es un claro ejemplo de lo importante que son las que son las reuniones, aunque sean improvisadas y la hora de comida del equipo creativo pues la colaboración imaginativa es una ventaja en el proceso creativo, parte fundamental de la etapa de planeación, aun cuando este se plasme con lápiz y papel de servilleta. Estas cuatro películas han generado al estudio billones de dólares en taquilla y mercancía. Han originado secuelas como: *Monsters University* (2013), dirigida por Dan Scanlon y *Finding Dory* (2016), dirigida por Andrew Stanton y como codirector Angus MacLane.

Una de las ventajas que tiene el planear es que puede ser donde sea y en cualquier momento no es necesario que estés frente a la computadora. Puede hacerse como los creativos de Pixar a la hora de la comida, a la hora de ir al baño o antes de irse a dormir. Amparo Serrano creadora de la marca "Distroller" dijo en una entrevista a Carlos Alazraki que ella todas las noches antes de irse a dormir en su recámara pasa un tiempo diseñando accesorios e ideas para sus personajes. Hoy en día cuenta con más de 3 mil productos que vende en más de 35 puntos en México, Estados Unidos, India y Europa.

Según J. Hooper al preparar la escena se da pie a la experimentación, un estudiante tarda alrededor de 10 minutos para hacer una pose, ahora imaginen esos mismos 10 minutos frente a una cámara de video actuando una escena que dura 10 segundos. Si se graban 20 tomas sería alrededor de 3 minutos y medio. Se está reduciendo el tiempo dos terceras partes y con gran variedad de posiciones. O si se prefiere y se les facilita el dibujo pueden hacer *thumbnails* que son dibujos sencillos y burdos que ayudan a visualizar diversas formas para una misma escena.

…"dibujar en cuadros pequeños es el tiempo para explorar diferentes maneras de representar una idea. " ((pág. 2, web, traducción propia)(Hooper, J. 2008).

Ya sea que se graben o que se hagan *thumbnails* estas dos técnicas son más rápidas que si quieren posar un personaje completo. Les permite tener una retroalimentación rápida antes de usar la computadora ya que se puede ver y analizar diferentes poses en una misma hoja o en una misma pantalla ver diferentes videos a diferencia de si hacen una pose en cualquier aplicación digital, se tendría que cambiar de cuadro cada vez que se quiera crear una nueva y el proceso de seleccionar qué postura es la que mejor transmite el mensaje que se desea dar sería muy lento. Prácticamente al planear se ahorra tiempo.

Metodología para planear tu animación.

Visualizar y Conceptualizar.- Ya sea que la persona que esté animando forme parte de un equipo de producción donde se le dé la idea que se tiene que animar o que se encuentre realizando un proyecto propio, es de mucha ayuda que visualice mentalmente y repase una y otra vez el concepto, ya que cada vez que se lo imagina podrá ver más detalles que al principio ni siquiera sabían que existían. Es como cuando se ve una película por primera vez y al verla una segunda o tercera se empieza a caer en cuenta información que no se había detectado antes. El objetivo de este ejercicio mental es que cada vez que se imagine la imagen de lo que se quiere hacer debería de ser constante y clara.

Por ejemplo, no es solo imaginar que un personaje va a levantar una piedra y ya. ¿Hay que Imaginar cómo la va a levantar?, ¿por qué lo va a hacer?, ¿es una piedra pesada?, caminara con ella?, ¿tiene alguna limitación física el personaje?, se verá que entre más clara tenga la idea el animador, más fácil se hará animarla. "Saber qué es lo vas a dibujar antes de dibujarlo. Saber qué es lo que vas a animar antes de animarlo" (pág. 25, traducción propia).(Wayne, G., 1999). Esta parte del proceso no solo nos ayuda a ver los detalles de la animación, sino que además es una oportunidad de conocer nuestro personaje y ser creativos con él.

Cuando se incursione en la conceptualización sobre lo que se quiere hacer pensemos en el principio del diseño K.I.S.S. *"Keep it simple Stupid"* usado por primera vez en la marina de Estados Unidos en el año 1960. Se refiere a que los sistemas funcionan mejor si son sencillos en vez de hacerlos complicados. Uno de los principales problemas que se tienen como estudiante es que quieren hacer lo que ven en las películas de Hollywood (olvidándose que para hacer una película animada se requiere mucha gente como en "Spider-Man: Into the Spider-Verse" realizada por Sony Pictures en el 2018 que necesitaron alrededor de 140 animadores), haciendo el objetivo imposible de lograr.

Se recomienda iniciar con una idea sencilla donde se puedan perfeccionar los fundamentos de la animación. Es mejor saber hacer algo muy bien a tal grado que se domine esa acción antes de aumentar el nivel de complejidad de lo animado. En un videojuego donde no se puede llegar al final sin haber cumplido con cada una de las misiones, necesitamos esa experiencia de juego para saber cómo reaccionar ante cada situación. En los estudios de animación existen las revisiones diarias y el supervisor queda más impresionado cuando se hace extremadamente bien una animación sencilla que si se trata de hacer una animación muy complicada y que quede a medias.

Comenzar con una idea sencilla donde el resultado sea sobresaliente, donde se puedan enfocar y pulir cada detalle del concepto, no quiere decir que no puedan agregar más, claro que sí, pero deben saber reconocer cuando es el momento de dar ese brinco o de ver una nueva técnica. "Si tienes la tendencia de ir por lo espectacular, y pensar que más es mejor, entonces considera esto: Primero domina los fundamentos." (pág. 38, traducción propia). (Wayne, G., 1999). Para concluir con el principio de K.I.S.S. debería ser nuestra meta y poco a poco ir sazonando nuestra idea sin llegar a hacerla muy complicada, hay que recordar que sencillo es mejor.

Hablando de ideas, la primera idea que se les viene a la mente no necesariamente es la mejor, casi siempre es la más obvia, las más usada, un cliché. Deben evitar hacer poses comunes, quieren poses sencillas y que se puedan leer rápido pero interesantes, que transmitan el mensaje de una forma diferente. Esto no quiere decir que la primera idea es siempre mala, pero es recomendable en esta etapa de la planeación dedicarle tiempo, ser paciente para depurar esa idea. Esta etapa es cuando la creatividad fluye, entre más opciones se exploren mayor potencial tendrá la animación.

En este ejercicio mental podemos extraer partes de una idea y otras partes de otra. Así sucesivamente hasta ir depurando el concepto.

Observar.- "En la investigación cualitativa las principales estrategias de generación de datos son las interactivas, dentro de las cuales encontramos la observación participante, las entrevistas y las historias de vida, y las no interactivas entre las que podemos destacar los documentos oficiales - registros, estatutos, expedientes personales, etc. - y personales - diarios, cartas, autobiografías".(Bolívar, de la Cruz y Domingo, 2001). Esto es algo tan importante y al mismo tiempo tan fácil de olvidar por la emoción de querer animar.

"A diferencia de un actor que se presenta en un escenario, que lee y memoriza escenas, ensaya sus líneas fuera de clase para presentar el acto y ser evaluado, un animador aprende más de la observación". (Hooks, E., 2017). Un animador debe estudiar cómo se mueven las personas, como reaccionan a diferentes situaciones, que parte del cuerpo se mueve primero, por ejemplo, si una persona está conversando y es interrumpida y se mueve en dirección de la persona que le llamo, ¿que mueve primero?, ¿la cabeza?, ¿los hombros? Cuando se mueve la cabeza de lado a lado se hace en línea recta, baja, o sube un poco la cabeza en el transcurso. Ese tipo de detalles son a los que el animador debe prestar mucha atención para poder convencer a la audiencia que el personaje está vivo.

Se debe estudiar casos o situaciones que estén relacionadas con el tipo de animación que se quiera realizar. Salir a restaurantes, zoológicos, parques, observar en casa cómo se comportan los familiares, sus maestros en el salón de clases, compañeros, ver que aunque están en el mismo lugar y haciendo las mismas cosas cada uno tiene una pose única e irrepetible. Analizar el lenguaje corporal, si es extrovertido o introvertido, su rostro, qué impresión transmite. Si se quiere que la audiencia se interese por sus personajes, que estos se vean y se sientan vivos, que parezcan que tienen conciencia propia y que nadie los está movimiento como si fueran títeres se les debe dar emoción, sentimientos y un propósito.

En esta etapa de la observación es recomendable salir y vivir lo que se quiere animar, pero si eso no es posible también es de mucha ayuda el tomar video, fotos, buscar imágenes en la red, dibujar, actuar la situación, incluso escribir cosas que se ha observado. Recopilar la mayor cantidad de datos posible para que estar informado y entender mejor el movimiento que van a realizar nuestros personajes. Es más fácil de proyectar o crear una situación si se tiene experiencia previa. Por eso es tan complicado por ejemplo hacer un caminado ya que todos los días se ve gente caminando y si algo no está bien animado la audiencia lo captará al instante.

Dibujar.- Existe un término en animación cuando se está haciendo la planeación que es *Thumbnailing*, estos son dibujos pequeños, sencillos sin mucho detalle que se hacen rápidamente y que permiten experimentar diferentes poses, acciones o ideas. En esta fase de la planeación se recomienda traer un cuaderno y algo con que dibujar, ya que en cualquier momento se puede bosquejar ya que si se quiere hacer de memoria es posible que se omitan detalles. "Nosotros recordamos cosas en lo específico, no en las generalidades". (Hooks, E., 2017). Pero no necesariamente van a recordar cada detalle por eso es bueno hacer un boceto simple y rápido que les permita recordar esa pose que les pareció importante.

El animador Eric Goldberg, animador del genio de la lámpara de la película Aladino (1992) de Disney entre otras cosas nos dice en su libro *Character Animation Crash Course!* Que hay que tratar de atrapar la sensación (emoción) primero y la anatomía segunda. Hacer que sus dibujos le den sustento a su idea. En el mismo libro comenta que no utiliza los thumbnails, ya que le gusta dibujar toda la pose en grande y no en pequeño. Aunque termina diciendo que si se sienten cómodos haciendo *thumbnails* los hagan. Al final del día lo que importa es captar la esencia de la idea.

En ocasiones es conveniente hacer notas que ayuden a reforzar esos dibujos, pequeñas anotaciones pueden ser muy útiles para no saturar la imagen.

Algo que se debe evitar es la rotoscopia, que no es más que hacer una copia o trazar de manera directa de un dibujo o un video. La ventaja de esto es que pueden tener la pose muy rápida de lo que se quiere hacer, sin embargo, si no se exageran las poses y le dan actitud con las características del personaje pueden terminar con varios sujetos con el mismo estilo. "Se puede perder la espontaneidad en la animación y si esto no fuera suficiente, puede existir la posibilidad que la actuación en la que se están basando no sea muy buena". (Hooks, E., 2017). Lo ideal es tomar la esencia de la referencia y crear su propia personalidad.

Si se dificulta dibujar, hay que actuar y grabar uno mismo la situación, se experimentará en carne propia cómo está conectado el cuerpo, nada está separado y en todo movimiento por más sutil que sea se observan los principios de la animación que permiten que los personajes respondan a las leyes de la física y emociones dando pie a animaciones más creíbles. "Todo está en constante movimiento, inclusive los pequeños movimientos como retraso, continuidad de movimiento, superposición, desaceleración contribuyen a crear el efecto de vida en el personaje " (pag.55, traducción propia)(Goldberg, E., 2008).

Hay movimientos que no se pueden hacer por sí mismo, ya sea porque es un salto de un edificio a otro, porque se tiene que brincar un carro, o simplemente porque no se nos da el baile, pensando que esa fuera la animación que se quiera realizar, por lo tanto hay que buscar vídeos que les permitan observar el movimiento que se desea o que se acerque a aquello que quieren que haga su personaje, muy seguramente no se encontrará todo en un video, así que permítanse tomar lo mejor de cada uno, editarlo y tener nuestra propia escena. La mayoría de los animadores actúan si no la totalidad de la referencia, si algunos fragmentos para ir sintiendo el tiempo y la emoción que se necesita en cada pose. Un ejemplo es el animador Kyle Kenworthy como hace su referencia para poder tener una mejor idea sobre la actuación que va a realizar, dichas imágenes se pueden encontrar en la dirección web especificada al final de este texto.

Retroalimentación.- Mostrar nuestro trabajo a un grupo variado de gente, no solo a compañeros de clase o de grupo de trabajo, inclusive a personas que no están directamente relacionadas con el proyecto, y si ellos le entienden quiere decir que se va por buen camino. No debemos sentir miedo a la crítica, mostrar el trabajo sobre todo en una fase inicial es muy intimidante, pero es la mejor y más rápida manera de mejorar. Richard Fournier en su artículo "The Best (and Worst) Ways to Take Feedback On Your Animation", nos sugiere que aprender a tomar la retroalimentación con madurez es una habilidad muy importante, ya que, si no la reciben bien, puede afectar su estado de ánimo, trabajo e inclusive su carrera.

Esto no quiere decir que le tienen que hacer caso a todo mundo, tal vez las ideas que tienen ellos no van con el estilo o mensaje que se quiere transmitir. Se debe diferenciar entre una buena crítica a solo una opinión. Platicar las opciones y las observaciones que se nos dan para que no quede duda sobre lo que se está sugiriendo. Es extremadamente recomendable no apartarse y creer que lo van a conseguir hacer solos, después de un tiempo de trabajar en lo mismo es común dejar de notar cosas que un par de ojos frescos son capaces de ver y con suerte nos pueden ayudar a mejorar la idea.

En conclusión la planeación debe de ser divertida, no verse como una pérdida de tiempo, al contrario visualizar tanto como se necesite, hasta que se esté bien convencido de que es lo que va a hacer, salir, disfrutar de la vida pues los animadores no solo deben de estar enfrente de la computadora, deben ver cómo se comportan las personas, los animales, las hojas al caer de un árbol o volar en el viento, etc., tomar notas, videos, actuar y dibujar todo aquello que nos pueda servir. No quedarnos con la primera idea, experimentar y se verá que es posible volver con formas creativas de contar una historia, separar la crítica a su trabajo de su persona, y no dejar que nos afecte sino verlo como una motivación para seguir aprendiendo y sobre todo seguir animando.

Bibliografía

Bolívar, A., de la Cruz, J.M. y Domingo, J. (2001). La investigación biográfico-narrativa en educación: enfoque y metodología. Madrid: La Muralla.

Goldberg, A., (2016). The Disney Story: Chronicling the Man, the Mouse, and the Parks. USA: Quaker Scribe.

Goldberg, E., (2008). Character animation crash course. Silman-James Press. USA: Los Angeles.

Hooks, Ed (2017). Acting for Animators. 4th edition. USA: Routledge.

Wayne, G., (1999). Simplified Drawing for Planning Animation. USA: Anamie.

Williams, R., (2002). The Animator's Survival Kit. USA: Faber & Faber.

Mesografía

Fournier, R.,(2018). "The Best (and Worst) Ways to Take Feedback On Your Animation". 15 de agosto de 2018. Recuperado el 29 de agosto de 2019 de :
https://blog.animationmentor.com/the-best-and-worst-ways-to-take-feedback-on-your-animation/

Hooper, J., (2008). The art of thumbnailing. 4 Junio 2018, de animation meat Sitio web: http://www.animationmeat.com/pdf/nineoldmen/rescuers_thumbs.pdf

Kenworthy, K.,(2016) "Even Strain" Process. 4 de febrero 2016. Recuperado el 30 de agosto de 2019 de:
http://kylekenworthy.blogspot.com/2016/02/even-strain-process.html

Percy, B., (2016). Keeping It Simple - The KISS Principle. 22 de agosto 2016. Recuperado el 30 de agosto de 2019 de: https://www.brucepercy.co.uk/blog/2016/8/19/keeping-it-simple

Valera, S., (2018) Sony Seeks Patent for "Spider-Man: Into the Spider-Verse "Animation Tech. 13 de diciembre 2018. Recuperado el 29 de agosto de 2019 de:
https://www.geek.com/movies/sony-seeks-patent-for-spider-man-into-the-spider-verse-animation-tech-1765786/

---

[1] EVA es un elegante robot de tipo sonda espacial cuya función principal es localizar vegetación en la Tierra y de esa manera confirmar si esta ya es habitable o no. Está diseñada con un cuerpo blanco en forma de huevo con unos dedos, cabeza y hombros que levitan sobre ella. EVA se mueve de una forma anti gravitatoria.

[2] Auto es el piloto automático inteligente de la Axioma que es de hecho, el timón robótico de la nave. Auto sirve como antagonista de la película, siguiendo la directiva A113 del último CEO de la BnL que consistía en establecer a los humanos en la nave espacial para siempre, para así mantener el statu quo. El programa MacInTalk de Apple Macintosh se utilizó como voz de Auto, la misma que se conservó en varios idiomas diferentes.

[3] *RAE* (Del ár. hisp. *aláya*, y este del ár. clás. *al'āyah*). **1.** f. Versículo del Corán.

[4] Es por esto por lo que debemos preocuparnos por el otro y no verlo como alguien enfrentado ya que, al fin y al cabo, hay yo porque hay responsabilidad, pues el yo es el resultado de que alguien nos haya cuidado. Y gracias a esto podemos sentirnos insustituibles, porque detrás de mí hay otros que no son yo. Fue así como Lévinas propuso un humanismo del otro hombre, del hombre que se responsabiliza y responde totalmente por el otro: *Desde el momento en que el otro me mira, yo soy responsable de él sin ni siquiera tener que tomar responsabilidades en relación con él; su responsabilidad me incumbe. Es una responsabilidad que va más allá de lo que yo hago.*

[5] Las aldeas corresponden en otros juegos a las ligas o comunidades. En este videojuego cada aldea estará conformada por 4-7 jugadores.

[6] Cantidad de megas, gigas, etc. que cada compañía telefónica otorga al usuario en su servicio de internet.

[7] Oasis en donde los animales se refugian y que producen otro tipo de alimentos como semillas.

[8] *Bonus* son puntos extra.

[9] Game Over = Juego Terminado.

[10] Cartoon: con aspecto de caricatura, dibujo animado o historieta.

ABOUT THE AUTHOR

Alejandra J. Ramos V.

 Maestro en Docencia. Diplomado en Gestión Cultural UABC-INBA, Diplomado en Elaborador de Materiales Audiovisuales para la Educación CETE, egresada de la Universidad Autónoma de Baja California. Colaborador en el Cuerpo Académico de la Facultad de Artes: Estudios y Producción Audiovisual. Directora de Proyecto Alteridad. Imparte clases de unidades de aprendizaje como Metodología de la Investigación y Ética en los PE de la Facultad de Artes desde 2011.

BOOKS BY THIS AUTHOR

Alteridad, Nuevo Mundo...Nuevo Orden.

Alteridad, nuevo mundo...nuevo orden, es el primero de una tetralogía que narra del presente al pasado la historia de los personajes principales representados por los 4 elementos y la relación entre ellos (los personajes) que llevan a la culminación del apocalipsis mundial.